西宮のむかし話

児童文学から文学へ

生駒幸子
森田雅也

関西学院大学出版会

天に召された方々、被災された方々、心傷ついた方々を想って

いつも私たちはあなたがたのことを祈っています。そして、

二〇一一年三月十一日を覚え、とこしなえに語り継ぐことを誓います。

本書について

一、本書の構成は、各話、「子ども」向けの読み物としての本文と、大人向けの読み物としての【児童文学の視点から】の「解題」と、大学等での「文学」としての【文学生成の視点から】の「解題」から成っている。使用目的としては、子どもから大人まで、読み物として楽しんでいただくことと、テキストとして学習できるように配慮した。

一、「西宮のむかし話」として、各話、語るより、声に出して読みやすいことを配慮して整えた。担当は児童文学研究を専門とする生駒幸子が行った。

一、【児童文学の視点から】は、「子ども」が読んだときの効果を解説した。生駒幸子が執筆した。

一、【文学生成の視点から】は、日本文学研究を専門とする森田雅也が担当した。いかなる情報源を元に、どのように作品生成が行われたか、可能な限りの分析を試みた。話型分類などによる文学としての普遍性よりも、郷土性、時代背景を重視し、物語としての特殊性を大切にした。【児童文学の視点から】と区別するため、文体、引用方法などわざと変化をもたせた。

一、「あとがき」に記した経緯から、本文の底本は、郷土資料館編集『西宮ふるさと民話　西宮市文化財資料第三三号』（西宮市教育委員会　平成三年刊）を使用した。

目次

その1

鳴尾《なるお》のカミナリさん

鳴尾の八幡神社には大きな森があります。

夕立ちのときなどには、カミナリさんが喜んで木を伝って暴れまわるといいます。

カミナリさんはいたずら好きで、ピカッと光ると、ゴロゴロッと音をたてて走りまわり、八幡神社の真上ではバリバリッとものすごい音を立てるのです。

お宮で遊ぶ子どもたちはその光と音にびっくりして、走って帰ります。カミナリさんは子どものおへそが大好きです。子どもたちは必死でおへそを隠し、耳をおさえながら逃げていきます。

カミナリさんは、吹き降りの雨と競争しながら木と木の間を跳びまわります。得意になって、大きな木の梢から目に見えない速さでかけ下り、ドカンと落ち、また駆け上がるのです。カミナリさんの通った道は黒こげになります。

あるとき、ピカピカッ、グワラングワランと大きな音がしたかと思うと、なんとカミナリさんがお宮の前に転げ落ちてきたのです。カミナリさんは、木の皮に滑って落ちてしまい、土の上で手足をバタバタさせていました。

そこへ神主さんが出てきて、落ちているカミナリさんの首根っこをひっつかみ、こういいました。

「おまえを雲の上にほうり上げてやりたいが、すぐにまたいたずらをするだろう。ここにしばらく入っておれ。」

と、社のそばにある井戸のふたを開けて、ポイッと中に投げこんだのです。そして厚い板のふたをもとどおりに閉め、出られないようにしてしまいました。

カミナリさんは、井戸の中でおとなしくしていました。その間は、鳴尾の村では雷は落ちなかったということです。

そのあと、井戸の中のカミナリさんはどうなったのでしょう。

実は、かわいそうに思った神主さんは、「どうだ、鳴尾の村ではもういたずらをしないか。」とたずねて、カミナリさんに約束をさせ、ようやく夜中に出してやったということです。

（今津にも「福応《ふくおう》神社のかみなり」として、同じような話が伝わっているそうです）

3　　鳴尾のカミナリさん

解題

【児童文学の視点から】「いたずら好き」

子どもたちにとって、カミナリは身近な自然現象のうちのひとつである。大きな音と空に走る稲光、まさしくピカッと光ってゴロゴロと落ちるさまに、私たち大人でも瞬間的に脅威を感じるほどである。そのカミナリを擬人化し、いたずらを戒めるという題材は日本全国でみられる。古くからカミナリさんといえば、いたずら好きとして知られている。瞬間的にあらわれ、人々を驚かせて、すぐにまた去っていくその様子が、人々の目には〝いたずら〟と映るのではないか。

雨雲の上でカミナリさんが気まぐれに暴れ出し、自慢の太鼓を打ち鳴らしているから、天地を震わせるようなものすごい音がするのだと考えられた。また、へそを好物としているという迷信も子どもにはおもしろいとみえて、カミナリの光と音に出会うと、へそを隠してキャーキャー叫びながら逃げ回るのである。カミナリはただ恐ろしいというよりは、何かしらユーモラスな存在なのか、子どもたちは逃げ回りながら楽しんでいるかのように見えることもある。

児童文学のなかでも特に絵本には、カミナリは図像として面白おかしく描かれていることが多い。恐ろしい反面、それほどまでに子どもたちには親近感の持てる自然現象なのかもしれない。絵本などに描かれているカミナリには、独特の図像パターンがある。鬼のように角を持ち、毛をもじゃもじゃと生やして、虎の毛皮の肌着を身につけて、太鼓を背に担いでいるというような、ある種のパターン化された図像が多い。その図像パターンが日本でいつ頃生まれたのか、また諸外国でも同様に擬人化されているのかなどは、興味深い問題である。俵屋宗達らの描く風神雷神図の雷神に、もしかするとその片鱗が見え隠れしているのかもしれない。

いたずら好きのカミナリさんは何とも気の毒なことに、神主さんによって井戸に閉じ込められてしまうのだが、子どもたちは〝いたずら好き〟の自分たちとの共通点を見いだすのではなかろうか。いたずらには根深い悪意などはなく、子どもらしい好奇心の結果、いたずらになってしまう場合がほとんどである。〝いたずら〟という共通項においても、カミナリさんは子どもたちにとって親しみ深い存在なのであろう。

【文学の生成の視点から】

「カミナリ」が「雷」とも「神鳴」とも表記されることはご存知と思います。

『万葉集』巻七にも

天雲の　近く光りて　鳴る神の　見ればかしこし　見ねば悲しも

とあり、「鳴る神」として、古代から神の仕業として恐れられてきたことは確かです。本文の「鳴尾《なるお》」とは関係ないようですが、何かつながりがあるのかも知れません。

雷が科学的に分析されるのは十八世紀半ばのベンジャミン・フランクリンを待たなくてはならないわけですから、人はとても長くの間、あの遠くでゴロゴロ、近くでピカリと大音響を発する自然の怪現象につきあってきたわけです。兵庫県明石市に「稲爪《いなづめ》神社」という名の神社があります。社名は稲妻がなまったという説ですが、雷が落ちると木に大きな爪でひっかいたようなあとが残るので、「爪」という文字が残ったと言われます。何か「雷」が擬人化されていますね。

雷の爪痕は龍の爪と伝えられるところも多くあります。龍が雷と関係することは中国文学に起源があると思いますが、古代人は、雷のジグザグを天から地へ走ったと見ず、地から天へ龍がのぼった様だと見ました。天に龍や蛇が住むという原始的な考えは「虹」という漢字を見てもわかります。なぜ、「虫」偏かと言うと、「虹」

を空に表れた長い虫だと考えたからです。「蛇」も「虫」偏ですが、日本の和歌でも「蛇」を歌に詠むときは「長虫」と言っていました。これを「歌語」と言います。「鶴《ツル》」を「たづ」と詠んだり、「蛙《かえる》」を「かはづ」と詠む例と同じですね。いずれにしても、「虹」は「蛇」なのです。

十七世紀後半に初代市川團十郎が作り、後に市川家の十八番の一つとなった『鳴神《なるかみ》』は、鳴神上人が雨を降らす竜神を滝壺に封印してしまうことによって、雨の降らぬ日が続き、やがて国中が干ばつに襲われ、民百姓が困りはてることになったところから、美女「雲《くも》の絶間姫《たえまひめ》」が活躍する面白い歌舞伎ですが、龍神が滝壺に封じ込まれるところが、本文の井戸に閉じ込められた「カミナリ」と通じますね。

でも、「カミナリ」さんと言えば、俵屋宗達の『風神・雷神図』を思い浮かべる人も多いでしょう。挿絵のとおりに「カミナリ」さんはやっぱり虎のパンツですね。

やはり十七世紀後半、西鶴（一六四二〜一六九三）の『西鶴諸国ばなし』巻二の七「神鳴の病中」の挿絵でも「カミナリ」さんはやっぱり虎のパンツです。もう、キャラクター像ができていたということですね。

ところで、本文のような「ドジ」なキャラクターは、すでに前時代の狂言『雷』に出てきます。この話のあらすじは以下です。―東国へ下る藪医者の前に、雷神が落ちてきます。雷神は腰の骨をしたたかに打ったため、医者ならば治療しろと藪医者に申しつけます。藪医者はおびえながらも、雷神の腰に針を打って治療します。雷神はこの治療に暴れますが回復し、これから八百年間、干ばつや水害をないようにすることを約束して、天に駆け上がっていきます。―つまり、人間くさい雷神なのです。本文の内容に近いですね。

しかし、もっと本文に近い話が西鶴を介して三田にもあります。西鶴の『本朝桜陰比事』巻一の一「春の初の松葉山」の話は、二つの村が山の地境をめぐって争いますが、その境となった地蔵堂に雷が鎖で縛られた像があった、というものです。詳しくは兵庫県教育委員会が作ったホームページ『ネットミュージアム兵庫文学館』「西鶴」の中の地図「三田」をクリックして読んで下さい。ちなみにこのコーナーの制作責任者は私です。

なぜ、鎖で縛られた雷の像があるかと言うと、当時村々を暴れた雷を、ある僧がしずめたからだというのです。調べてみると西鶴当時、山の地境を争った話があり、それは兵庫県の三田だと言うのです。その地は三田の「桑原」の近くなのです。

皆さんは、雷がなると、落ちないように「クワバラ、クワバラ」というまじないを唱えたりしませんか。これは全国的な雷よけのまじないですが、なぜ、そう唱えるのか諸説ありますが、兵庫県三田市桑原発祥説が有力です。

その三田市桑原に「欣勝寺」というお寺が今もあります。ここの伝説につぎのような話が残ります。

—昔、桑原村欣勝寺の井戸に落雷があった。時の和尚はその雷の落ちた井戸に蓋をしたので雷は出られなくなり、「これからは決して落ちないから蓋をとってくれ」と頼んだ。和尚は雷と堅い約束をしてその蓋をとってやった。それから桑原へは雷が落ちないし、広く雷除けのお守をこの寺では一般に授与している。—

この話と本文の話似ていますね。伝承か古典からの影響か、興味深いですね。

その2
タヌキの仕返し

ししがぐちは夙川《しゅくがわ》の上流にあり、家もまばらにしかない静かな山里でした。

ある日、若者たちがあぜ道に腰を下ろして、何やら話をしています。

「家の裏から川へ下りて行ったら、大きな木があるやろ。その根っこに穴があってな、その中にタヌキがおるんやぞ。」

「タヌキが水を飲みに川へ行くのを見たぞ。」

「つかまえて、タヌキ汁にしようや。」

若者たちは、畑仕事に精を出してよく働きますが、こうして寄り集まるとすぐに食べものの話に花を咲かせます。野うさぎをとってうさぎ汁に、にわとりをもらってきて鳥鍋に、というふうに、昔のことですから、楽しみといえば、食べることくらいです。

その材料にされるタヌキこそ、災難でした。

さっそく、タヌキ狩りがはじまりました。若者たちはみんなワイワイ言いながら、崖の上と下から、手に手に棒や網などを持ってほら穴めがけて攻め込むのでした。

タヌキのほら穴は、笹薮のなかの急な坂にあります。何回もすべって、夙川に落ちないかとヒヤヒヤしながら、やっとたどりつきました。穴を棒で突いてみますが出てきません。よもぎの枯葉に火をつけて穴の入り口に投げこみ、網を受けて待っていますと、煙に燻り出されたタヌキが、どうしようもなくなって出てきました。急いで網をかぶせると、ものすごい力で暴れます。みんなで押さえ込むと、さすがのタヌキも網にからまり、少しも動けなくなり、ついに捕えられてしまいました。フウフウ荒い息をして、目をまん丸く見開いて、苦しそうにしています。

若者たちは大喜びで、タヌキの足をくくり、かついで帰りました。タヌキは、かわいそうにタヌキ汁にされてしまいました。

それからしばらくして彼岸になりました。人々はめいめい墓参りやお寺参りをする春分の日、若者たちも一日の休みなので、甲山に登りました。頂上に着き、弁当を食べ始める頃、だれかが、

「あの煙は何やろ。」

と、山里のほうを指さしました。

若者たちがよく見ると、どうやら自分たちの家のある方角です。ししがぐちの若者の一人が、

「うちの家とちがうやろか……!」

と叫ぶと、弁当を放り出して、走って山を下りました。

やっとの思いで家にたどり着いてみると、自分の家はまる焼けになっていました。

それにしても、なぜ火事になったのかわかりません。

「ひょっとして、タヌキを食べたせいとちがうやろか……。」

「タヌキのたたりかもしれん……。」

若者たちは口にこそ出しませんが、心の中では皆そう思っていました。

案じた若者たちは、神さまにそのことを聞いてみることにしました。ふしぎな力を持っている人があって、その人が願いごとを唱えると、神さまがその人にのりうつり、神の声で語ってくれるのです。

若者たちが地面に頭をこすりつけて、真面目に聞いていますと、

「タヌキを殺して食べたやつがおる。悪いこともしないのに煙攻めにされた、タヌキの恨みが煙で仕返しをしたのじゃ。……今からでもよい。タヌキにきちんと謝るのだ。その気持ちを込めてお宮をつくれ。それをみんなで祀ってやれば、タヌキの怒りは鎮まるだろう。」

語り終わると、その人はしばらくの間ぐったりとしていましたが、じきに正気に戻りました。

若者たちだけでなく、この話を聞いた村の人たちは、タヌキを不憫に思うと同時に、若者たちのしでかした出来事を案じました。そして少しずつお金を出し合って、タヌキのためにお宮をつくることにしたのです。

それを越木岩《こしきいわ》神社の森に祀らせてもらいました。

今も、「オオサキイナリ」という小さいお宮がありますが、それは村の人々がタヌキを祀ったものと言われています。

解題

【児童文学の視点から】「食べるということ」

今のように豊富な娯楽も皆無だった時代には、美味しいものを食べることは何よりの楽しみだったはずである。現代でも、美食は人間にとって最も根源的な楽しみだといえる。子どもたちも児童文学や絵本に描かれる食べものに、無条件で心惹かれるのである。かくいう私も、幼い頃に食べものの絵本をじっとみつめて長い間大事にしていたそうだ。おぼろげながらも絵を覚えているから、やはり食への欲求というのは人間の本質的なところと深くかかわっていると思われる。

この昔話に描かれる美味しいものとはタヌキであるが、人は誰しも命をもらって生かされている存在なのだと気付かされる。飽食の現代だからこそタヌキを食することはないが、魚や肉などは日常どこにでも見られるメニューに入っている。物語では巣穴を燻されて逃げられなくなったタヌキを捕まえて食べてしまうのだが、私たちの食卓に上がってくる命はもっと残酷な捕われ方をしているのかもしれない。とはいえ、私たちも生きるために食べるのである。しかし私たちは、命をいただいていることに感謝できているであろうか。享楽のために食を貪る愚に陥ってはいないだろうか。写真絵本『ぶたにく』(1)や、最近公開された映画『フード・インク』、『ありあまるごちそう』(2)などは、現代の食文化に鋭く問いを投げかけている。

罪のないタヌキを陥れて食べたから罰が当たったということではなく、生きるために食するものへの命に感謝することの大切さをこの昔話は伝えてくれているのではないか。

子どもたちが食物連鎖を知る手がかりは、日常の食卓にある。「いただきます」「ごちそうさま」の言葉には、日本の食文化にねざす、命への感謝があらわれている。末永く次世代に引き継いでいって欲しい習慣である。食べられるものを無駄なく食べ尽くし、感謝のうちに命の連鎖のなかで生かされていることを実感できれば、タヌキは〝しかえし〟しに化けて出ることもないだろう。

注(1)『ぶたにく』(写真絵本)大西暢夫著　幻冬舎(二〇一〇)
(2)『フード・インク』、『ありあまるごちそう』第82回アカデミー賞ドキュメンタリー長編賞ノミネート作品

【文学の生成の視点から】

狸と狐は、とても文学と関わり深い動物です。どちらも同じように人を化かすのですが、タイプが違いますね。狐は世界文学にもたくさん登場します。古代のイソップ童話やサン＝テグジュペリの『星の王子さま』、カルロ・コッローディの『ピノッキオの冒険』、他にもたくさんの話が思い浮かびますが、ずるがしこいというイメージですね。

もちろん、日本でも古くは『日本書紀』など、いろいろな作品に登場しますが、霊力が強く、特に芭蕉の『奥の細道』「殺生石」にもかかわる「玉藻の前伝説」などは、天竺、中国、日本の国を揺るがした「九尾《きゅうび》の狐」の話ですが、恐ろしいイメージですね。ただし、新美南吉の『てぶくろをかいに』『ごん狐』は優しい狐ですね。

しかし、狐の復讐する話は多いですね。『西鶴諸国はなし』巻一の七「狐四天王」では、姫路の於佐賀部狐の話がありますが、たまたま野原を通りがかった男が子狐に石をぶつけたところ、子狐が死んでしまいました。それが妖狐於佐賀部狐の子供でした。ここから、この男は次々と復讐を受けることとなります。このような話は落語の「七度狐」にもあります。二人の男が復讐されて、「べちょたれぞうずい」と称して壁土を食べさせられたりする旅の話、ご存知でしょうか。

ところで狸ですが、有名な民話『かちかち山』でもご存知のように、復讐されっぱなしです。でも、この話が本文と共通するのは狸汁の話です。『かちかち山』の原話では、おばあさんが狸汁にされてしまいますが、元々は悪さをした狸を捕まえて、おじいさんとおばあさんで狸汁にして食べてしまおうとしたところから、物語は始まります。

狸が人を化かすという話は、例えば、西鶴の『男色大鑑』の明石藩の話に、大入道が出て退治してみると、正体が大狸であったという話があります。これを見る限り、霊力が強いというイメージで江戸時代の人たちは狸を見ていたと言えます。西鶴には『西鶴諸国ばなし』に、今でいう文楽人形が夜中に勝手に動き出し、その正体を探ると古狸達だったという話があります。また、同じ西鶴の『本朝二十不孝』には、北海道松前の話として、亡くなったお母さんに化けて兄弟の前に現れて、成敗されるという話があります。どれも、霊力の強い話で、これが仮に狐の話であっても、何も不思議ではありません。

江戸時代には、「狐狸のたぐいの仕業」という結論で終わる話がたくさんありますが、それは当時の民衆を怖がらせないための常套手段でした。どういうことかと言うと、江戸時代の人に限らず、昔の人は幽霊や妖怪の話はとても恐ろしいと同時に、信じがたい話でもありました。ところが、狐や狸にはだまされて当たり前という考えがありました。同じ西鶴の『好色五人女』には、当時大坂で一番繁華街であった「天満」に「七つの化け物」がいるという話が載っていますが、本当にいたとすれば、都市伝説としてもっと伝わっているでしょう。西鶴はこの怪奇現象を「狐狸のたぐい」の仕業だと言い切っています。これで民衆は落ち着くのです。当時、出版禁止令があって、無用の怪奇話で民衆を恐怖に陥れてはいけないというお達しがありました。西鶴はこれを守ったわけです。

さて、本文ですが、狸汁を食べたために復讐をされるという話になっていますが、これは古くから伝わる日本の人魚伝説に原型を求められます。聖徳太子の頃から、日本で人魚が捕まえられたという史実が残っています。嘘か本当かは別として、この人魚を食べた人間は八百年死ねなくなります。人魚の呪いですね。長く生きたからと言っても、生かされているだけで若いわけでもなく、死ねないという状態です。若狭地方に今もこの伝説は残っています。これを「八百比丘尼《やおびくに》」伝説と言います。

狸には、狸寝入りという言葉がありますが、とても心臓が弱く、鉄砲を向けられるとそのショックで仮死状態になってしまいます。それで鉄砲が当たらないのにおかしいなあと思って猟師が近づくと、一瞬にして息を吹き返して逃げていってしまうそうです。これが狸寝入りです。寝たようなふりをして、人をだますというわけです。もっとも、これは江戸時代も後半になってからの話ではないでしょうか。ですから、昔の狸には、狐と同じような妖力があって、本文のような話が出来上がったのでしょう。

『分福茶釜』は本文とは逆に、命を救ってもらった狸がその恩に報いるという話になっています。落語の『狸賽《たぬさい》』もそうですね。狸はどこか義理堅く、ユーモラスなところがありますね。

余談ですが、本文に霊を呼び出して、その霊が人に降りてきて色々なことをしゃべり出すという箇所がありますが、昔から「こっくりさん」というこのような遊びがあります。この「こっくりさん」は、漢字で書くと「狐狗狸さん」と書きます。付近にさまよっている狐や犬や狸の霊力を使った遊びということです。それだけ、狸の霊は強いということでしょうね。

その3 血を流した老ヶ石《おいがいし》

河原にどっしりとたたずんでいる大石を見上げながら、しきりに喜びの声を上げている一人の男がおりました。この男は全国津々浦々を旅しながら、良い石を探し歩いている石職人でした。

「こんな素晴らしい石は見たことがない！　おらにも運が向いてきたにちがいない。」

男は、はるばる旅してきた甲斐があったと喜びながら、さっそく石を切る支度にかかりました。

船坂橋《ふなさかばし》から二キロメートルほどの上流にあるこの大石は、地上に出ているだけでも高さ七メートル、横幅十五メートル、厚さ五メートルもあり、地元の人々から「老ヶ石《おいがいし》」と呼ばれておりました。

のみとかなづちを取り出し、今まさに、石に打ち下ろそうとした瞬間、

「おーい、ちょっとお待ちくだされ。」

この村の人たちが、息を切らして駆けつけてきました。

村人たちは恐れおののきながら、こう語りました。この石に刃物をあてた者には恐ろしい祟りがあると、先祖代々言い伝えられてきたというのです。

なんでもその昔、ある男が酒に酔った勢いで、この大石を切ろうとしたことがあるのでした。

「たかが石じゃないか！　このおれの石切の腕前を見せてくれるわ。」

皆が止める腕をふりはらいながら、石にのみをあてると、「エイッ」とかなづちを振り降ろしたのです。すると、どうでしょう。村人の目の前から、石の中に吸い込まれるように、男の姿が忽然と消えてしまったというのです。

このような恐ろしい話も言い伝えられていますから、

「おまえさまも、やめておきなされ。石ならこの川の奥にも、なんぼでもある。この老ヶ石だけは切っちゃなんねえ。」

と、村の長老たちが懇々と男を諭したのです。

けれども、この大石にすっかり心を奪われた石職人の気持ちを変えることはできませんでした。

「そんなのは迷信にすぎない。わたしは石職人だから、このような素晴らしい石をみすみす見逃すことなどできない。」

鋭く研ぎ澄まされたのみが石に当てられるのを、村人たちはなす術もなく、ただ遠く離れて見守るばかりでした。

カーン、カーン、カーン。

谷間の静寂を割るように、石を切るのみの音がこだましていきました。村人たちは恐れおののきな

がら、石職人の一挙一動をじっと見つめておりました。

突然、男の石を切るその手が止まりました。石職人は棒立ちになったまま、打ちこまれたのみのあとを見つめているのです。

何ごとが起こったのかと駆け寄ってきた村人の目に、のみを打ちこんだ穴から真っ赤な血がほとばしっている光景が飛び込みました。

「これは大変なことになった……。村の言い伝えを聞かず、それに背いたからだ。」

村人たちは、後ろも振り返らずに村へ逃げ帰りました。

その後、石職人は原因不明の高熱を出し、そのあげく気がふれてしまったといいます。

現在、大石の上には祠《ほこら》があり、石仏が祀られています。

解題

【児童文学の視点から】「石の魅力」

太古から石への信仰は、人間の生活に根付いていたものと思われる。珠《たま》も玉《ぎょく》も、もとは石である。鉱物も石の部類に入るだろうか。宗教、また冠婚葬祭の儀礼のなかでも、「石」は魔よけ、深く力を鎮めるなどの役割を担ってきた。世界中で石にまつわる昔話、創作物語はおびただしい数ある。「石嶺」、「石の上にも三年」のように、諺や慣用句などにも「石」の長所、短所をふまえて多用されている。

子どもたちは生活のなかでも、石を拾って集めていることが多い。実は私も幼い頃に、クルリとした丸い川石などを拾っては、自分の机の引き出しに大切にしまっていた記憶がある。珍しい色や形の石の手触りに、心がときめいた思い出が甦る。そして、二人の子どもたちの拾ってくるさまざまな宝物を見るにつけ、自分と同じ石収集癖があるのを知って驚いた。それほどまでに、「石」は大きなものから、小さなものまで、時代を超えて、人間を惹きつける物質なのだといえる。

一六世紀の中国でうまれた『西遊記』は子ども読者をも魅了する長編小説であるが、主人公の孫悟空は石から生まれたという。また、子どもたちに圧倒的な人気のある現代ファンタジー「ハリー・ポッター」シリーズの第一作も〝賢者の石〟というサブタイトルであり、石が物語の鍵アイテムになっている。絵本で石を扱ったおもしろい作品のひとつに『ロバのシルベスターとまほうのこいし』があり、魔法の小石が主人公の運命を翻弄する。子どもの本にも「石」は不思議なもの、神秘なものとして描かれている。

この昔話では、船坂あたりにある老ヶ石という大きな岩を切り出そうとした者が姿を消したり、原因不明の病に倒れるという展開になっている。「ノミを当てると、岩から真っ赤な血が噴出す」というくだりでは、民衆がこの岩を神格化し、冒してはならない存在だと考えていることが分かる。この地域の平穏をつかさどり、災いを鎮めるシンボルとして、民衆が守り継いできた岩なのだろう。物言わぬ「石」は人間の魂の深いところに、語りかける力をもつものなのかもしれない。

『西遊記』〔上・中・下巻〕呉承恩作、伊藤貴麿編訳、吉岡堅二絵　岩波少年文庫（一九五五）
『ハリー・ポッターと賢者の石』J・K・ローリング著、松岡佑子訳　静山社（一九九九）
『ロバのシルベスターとまほうのこいし』ウィリアム・スタイグ著、瀬田貞二訳　評論社（一九七五）／（新版）『ロバのシルベスターとまほうの小石』評論社（二〇〇六）

【文学の生成の視点から】

何年も経たものを切ると血が出るという怪奇話に、十七世紀後半の山岡元隣『百物語評判』巻一「空谷響并彭侯《ほうこう》と云ふ獣付狄仁傑《てきじんけつ》の事」には、次のような中国の話があります。

―呉の敬叔という人が、大きな楠木を斬ったところ木の中から血が流れ出た。不思議に思って見たところ中に獣が居た。「彭侯」という動物であろうかと思って煮て食べたところ、味わいは猪のようであったということが、『捜神記』に見られる。―

この話は、最後人間が巨木の精を食べてしまっていますが、本来は巨木の祟りがあるといものが多く伝わっています。九世紀唐代の李公佐《りこうさ》の伝奇小説『南柯太守伝《なんかたいしゅでん》』には、庭のえんじゅという大木の下での夢が物語になっています。うたた寝の間にその人の一生が終えられるという、諺の「一炊の夢」と同じような話です。これを元に、十九世紀前半、曲亭馬琴は『三七全伝南柯夢』という読本を書いています。

もちろん、石の場合でも【児童文学の視点から】にあるように、石を取り除く際に起きたトラブルということを民話として伝えている例があります。「泣き石」や「深坂地蔵」「万治の石仏」「交野の伝承」など、きっちりと調査していませんが日本中にある話ではないでしょうか。

奇岩といえば、兵庫県では高砂の「宝殿」が有名です。「石の宝殿」と呼ばれますが、この石は生石神社《おうしこじんじゃ》のご神体となっています。次の「甑岩」もそうですが、奇岩は神域となります。奇岩を割ることは神域、仏への冒涜となるのです。

先に述べた大木も神になりますので伐ることは禁制になるのですが、『播磨国風土記』(逸文)や『日本書紀』にあがる巨大な楠木は、切り倒され「速鳥《はやとり》」という船になったことで、神がかり的なスピードが出て活躍します。

余談ですが、船坂峠から塩瀬町生瀬などにいたるこのあたりは、六甲山系の良質な花崗岩が多くとれ、江戸時代以前から石切場として栄えました。特に蓬莱峡は黒澤明監督「隠し砦の三悪人」(一九五八年)の主な撮影地となったことで有名ですね。

その4

こしき岩《いわ》の怒り

夙川は昔から美しい川でした。澄んだ水の流れに、川底の白い砂がキラキラと輝いていました。

この川は「こしき岩」のあたりから流れ出ていると言われ、人々はこしき岩を神様の岩として大切にしてきました。そこから沸き出でる夙川は、なおさら美しいものとして大切にしてきたのです。今でも、岩のそばからは美しい湧き水が出ています。

「こしき岩」とは、「越木岩」という字も使われますが、「こしき（甑）」に似ているので「甑岩《こしきいわ》」と言われているそうです。

「甑」とは、酒造りのお米を蒸したり、麻布の材料にする麻の茎を蒸したりする道具のことです。一度にたくさん蒸すので、蒸気を吹き出します。

「甑岩」はそのような形をした、とても大きな岩です。高さが十二メートル、まわりは大人が手をつないで三十人分もあるのです。山にどっかりと腰を据え、天に向かってそびえ立つ、巨大な岩です。そのあたりには、この岩を守るかのように古い木が生い茂り、昼間でもうす暗いのです。人々は昔から神さまの岩として畏れ、大切にしてきたのでした。

さて、今から四百年ほど前、大阪城の石垣を築く工事が始まったころのことです。日本じゅうの殿様が家来に命じて、あちらこちらの山を探させ、大きな石を見つけては、大阪へ運んで行きました。ある殿様が、このこしき岩に目をつけました。

「あんな大きな石なら、城の石垣にすればさぞ見事なものであろう。ぜひ持って行って、手柄にしたいものだ。さっそく切り出せ。」

その話を聞いた越木岩の村人たちは、心配しました。

「この岩は昔から白い竜が住みついている神様の岩です。これを割って、ここから運び出すようなことをすれば、どんな祟りがあるやもしれません。おねがいですから、おやめください。」

村の長老たちは必死になって役人に頼みました。けれども、役人たちはこの申し出に耳を貸そうとはしません。「殿様の言いつけだ。」と、大勢の石切職人を連れてきて、この大岩を切り出す作業にかかりました。

一斉に打ちおろす槌《つち》の音とともに、のみが岩に食い込みました。カーン、カーンと響く音は山々にこだましました。怖ろしげに見守る村人たちの耳に、その音は山鳴りのように不気味に響くのでした。

「これは大変なことになる……。必ず祟りがあるぞ！」

村人は大声で叫びましたが、石切職人たちの耳には届きません。

のみを打つたびに火花が散ります。それがだんだん激しくなり、そのうちに岩の裂け目から白い煙がふき出し始めました。怖ろしいことが起こるにちがいないと思う間もなく、その煙が白色から黄色へ、そして赤に、それから青、黒へと変わり、それらが入り混じって、ものすごい勢いで音を立てて吹き出しました。

その熱気はふしぎな力をもっているのか、石切職人は手足をふるわせ、苦しみもだえだし、斜面を転がり落ちました。そして、彼らは皆息絶えてしまったのです。

そのようすを見た役人たちも、さすがに震え上がり、命からがら逃げ出しました。

こんなことがあって、こしき岩はいっそう人々から大切に思われるようになりました。現在でも、大岩にはその時に打ち込まれたのみのあとが一列に残っています。

解題

【文学の生成の視点から】

前話に続いて奇岩の話ですので、【児童文学の視点から】を省略しましたが、「白い竜」が出てきます。白い動物というのは、霊力を持った動物とされます。第二話でも狐が出てきましたが、白い狐という設定が多く見られます。

中国唐代の『補江総白猿伝』は、齢八百年の霊力を持った白猿が、女性を誘拐するのをある将軍が退治するという話になっています。日本の『酒呑童子』に似た話です。また、中国の伝奇小説には、白蛇が祟りをなす話として『白蛇伝』系のものが多くありますが、十八世紀後半の上田秋成が書いた『雨月物語』の「蛇性の婬」は、白い蛇の化身真女児《まなご》が、恋人に執着するという話ですが、この話も『白蛇伝』系の話の影響があります。

しかし本文では、白蛇ではなく「白竜」ですので、違うと思われるかもしれませんが、竜と大蛇はほぼ同一に扱われます。『古事記』の素戔嗚尊（素戔嗚尊）と戦った八岐大蛇（八岐大蛇）の巨大さは、もはや蛇とは言えませんね。白竜神社は日本各地にあり、そのほとんどが白竜を封じ込めたとされるものが多いですね。

本文では、のみを打ち込んだものが原因不明の高熱を出して病気になったとありますが、『西鶴諸国ばなし』にも、蛇にかまれて同じような症状になった男達の話を書いています。

蛇ににらまれるなどと言うように、文学に出てくる蛇の祟りは、大なり小なり同じような症状です。

蛇と石と文学と言えば、ギリシャ神話のメドゥーサの話が有名ですね。見たものを石に変える能力を持つメドゥーサは、ペルセウスに首を切られますが、蛇と石というキーワードでは、本文と何か通じるところがあるかもしれませんね。

また、甑岩神社のあたりが大坂城の石垣などの石切場となったことは事実です。正確には、大坂夏の陣（一六一五年）で豊臣秀吉創建の大坂城が焼失した後の再建時のことと言ったほうがよいでしょう。徳川家あげての天下普請ながら、石垣工事は各藩に割り当てられました。豊臣家を滅ぼして完全に天下人となった二代将軍徳川秀忠に、いい仕事をして少しでもアピールしようと各藩が競い合ったこともわかっています。関西学院大学西から芦屋、東灘に到るまでには、今でも大坂城石垣用に切り出しながら、そのままにした大きな石が散見できます。もしかすると、本文はその際に無理な石の切り出しで、たくさんの石切職人が犠牲になったことを伝えているのかもしれません。

その5　犬塚

むかし、西宮のえびす神社の森に、猿とも狼とも正体のわからない獣が住みついていました。この獣は、夜な夜な村や町へやってきては、家を壊したり、田畑を荒らしたり、子どもや老人をさらったりして、人々を苦しめていました。

このあたりの人たちは自分たちの力だけではどうすることもできないと、困り果ててしまいました。何とかこの災いから逃れることができればと、おもだった者が集まり、額を寄せて相談しました。そして、苦しい話し合いの結果、毎年一人ずつ若い娘を選んで獣に差し出すことにしました。

「とうとう、おらたちの家のかわいい娘を、さし出さねばならなくなった。いくら村の人のためだといっても、こんなことがあってもいいものか……。あまりにもむごいことだ。」

その年、娘を差し出すことになった家の人たちは、嘆き悲しみながら、泣く泣く白木の箱に娘を入れて、えびすの森に運ばなければなりませんでした。いかに村のためとはいうものの、哀れなありさまでした。同じ悲しみが、くる年もくる年も続きました。

そんなある年のことでした。四国にヒョウタンという名の強い犬がいて、あたりの猛獣たちを震え上がらせているという話が、どこからともなく伝えられてきました。その話を聞いた人々は、何とか助かる道があるかもしれないと、小躍りして喜びました。

そこで、さっそく庄屋の屋敷に集まり、えびすの森の獣の退治について、ひそひそと相談を進めました。

「四国にヒョウタンという強い犬がいるそうだ。この犬を借りてきて、獣を退治してはどうだろう。」

「わしらでもかなわぬものを、たかが犬一匹にまかせて大丈夫だろうか。」

「しかし、毎年娘を差し出さねばならないようなことを、いつまでも続けるわけにはいかない。ヒョウタンは、怪物を倒した強い犬だと聞いている。」

相談がまとまり、今年は、若い娘の代わりにヒョウタンを箱に入れて、えびすの森に差し出すことにしました。

そして、いよいよお供え物をする日がやってきました。

若い娘の代わりにヒョウタンを入れた箱が、大勢の人々に担がれてえびすの森に運ばれて行きました。お供え物をそっとおくと、人々は手に手に鎌や鍬、棒などを持って、まわりの草むらに身を隠しました。息をひそめ、じっと様子をうかがいました。

次第に夕闇が迫り、あたりがうす暗くなってきたころ、一匹の恐ろしい獣がおどり出て、よだれを垂らしながらお供え物に手をかけました。箱が開かれたとたん、ヒョウタンが「ウォッ」と一声、すさまじい叫び声をあげ、猛然と獣に飛びかかりました。たちまち、ヒョウタンと獣の激しいたたかいが始まりました。大きなうなり声が、村中に響き渡りました。

ヒョウタンが死にものぐるいになって、その恐ろしい獣に食らいつくと、草むらにかくれてうち震えていた人々も、一斉に加勢しました。人々は鍬や棒で打ちのめし、とうとう獣を倒したのです。

どれほどたったでしょうか……。

ふと我にかえった人々は、獣に食らいついたまま息絶えているヒョウタンを見つけました。人々は、涙を流してヒョウタンの手柄を讃えて、手厚く葬りました。そして、ヒョウタンが息絶えた場所に、大きな塚を建てました。みんなで力を合わせて災いを絶つことができた喜びと、命の限り人々のために戦って息絶えたヒョウタンへの感謝の気持ちが、この塚に込められています。

この塚は「犬塚《いぬづか》」とよばれ、西宮の町はずれの田んぼの中にあったということです。

解題

【児童文学の視点から】「悪を滅ぼすこと」

この昔話では、西宮えびす神社の森に住み付いた猿とも狼とも得体の知れない獣というものが人々を恐怖に陥れている。現代は夜でも灯りが宵闇をこうこうと照らし、恐ろしいものが少なくなった。そのぶん、人間の心のなかにある暗闇のほうが、暗く、深くなったような気がする。「家を壊したり、田畑を荒らしたり、人をさらったり」という描写から、この物語に登場する獣とは、賊か悪党などの言い換えではないかと考えられる。

子どもたちにとっては、悪者を退治して、か弱き人々を救うヒーローは憧れの的である。近年ではウルトラマン、仮面ライダー、何とかレンジャー隊などのヒーローものが、いつの時代も子どもの心を捉えて離さないようである。それは男の子ばかりでなく、形式を変えて女の子向きになっているのが、セーラームーンやプリキュアシリーズなどであり、子どもに〝真に生きたい〟、〝善に向かいたい〟という志向が内在している気がしてならない。「悪が滅びて、善が勝つ」結末ばかり迎えることはないという厳しい現実は、私たち大人社会で見聞きしている通りである。しかし昔話には「悪が滅びて、善が勝つ」構造のものが多くみられるのは、やはり次世代に引き継ぐ希望を託しているからではないか。

幼い子どもに語って聞かせる昔話、読み聞かせる絵本などに、たとえば悪いオオカミ(1)が完全に殺され、トロル(2)がこっぱみじんにされるなどという結末が描かれていることに関して、教育的視点から「残酷だ」という意見もある。物語のテーマはどこにあるかという視点からこのことを考えるとき、残酷というのは「木を見て森を見ず」的な発想でしかないことに気が付く。オオカミやトロルは悪の象徴であり、人間が成長の過程で乗り越え、滅ぼさなくては生きられないものとして描かれているのである。

この昔話では、得体の知れない獣が生きている限り、人々は安心して暮らせない。だからこそ、強く逞しいヒョウタンの力を借りて退治する。そしてヒョウタンの命と引き換えに、ようやく悪が姿を消すのである。「悪が滅びて、善が勝つ」結末には、現実は不条理であることを十分に知っている先達が、次の世代に引き継ぐ希望を託しているのではないか。

注(1)『おおかみと七ひきのこやぎ』（グリム童話）フェリクス・ホフマン絵・瀬田貞二訳　福音館書店（一九六七）
(2)『三びきのやぎのがらがらどん』（北欧民話）マーシャ・ブラウン絵・瀬田貞二訳　福音館書店（一九六五）

【文学の生成の視点から】

犬塚の話は、若い娘を差し出せという「人身御供《じんしんごくう》」の形になっていますね。この人身御供の話は、次の第六話で触れますが、霊犬が人身御供で危うくなった娘を守るという話は、今も残る「しっぺい太郎」の話として有名です。［ホームページ「霊犬悉平《しっぺい》」太郎より］

―その昔、今から七百年程前の話であるが、信濃駒ヶ岳の麓にある光善寺で一匹の山犬が五匹の子犬を産んだ。やがて犬たちは山へと帰っていったが、そのうち一匹だけが寺に残った。和尚はこれをしっぺい太郎と名付け、育てた。その頃、遠州（静岡）の見付宿では、毎年村の祭りの日に家の戸口に白羽の矢が立ち、その家の娘を化け物に差し出さなければならなかった。ある年、この儀式をずっと見ていた者があったが、化け物は次のような歌を歌っていた。

「信州信濃の光善寺　しっぺい太郎に知らせるな」

と、いう歌である。しっぺい太郎とは何か、この男は旅に出て、光善寺のその山犬を見つけ出した。和尚の協力を得た男と村人達は、その年の祭りの日、しっぺい太郎を白木の箱に入れ、生け贄の娘と偽って差し出した。化け物が箱の蓋を取った瞬間、しっぺい太郎は化け物に食らいつき、大格闘の末に怪物を仕留めた。化け物の正体は年老いた狒々（猿）であった。しかし、しっぺい太郎も傷が深く息絶えた。―

この「しっぺい太郎」の伝説は他にも伝わっています。この犬の名が「早太郎」として伝わったものも多く残っています。本文の西宮神社の話も、この伝説によく似ています。

調べましたが西宮神社の歴史にこのような事件があったことは書かれていません。ただ、長い神社の歴史ですから、そういう事件があったのかも知れません。

当時、化け物が住み着いたり、住み着きそうな、うっそうとした森があったかどうかは定かでありませんが、面白いのは「ひょうたん」が四国の犬であったことです。

西宮えびす神社は「人形浄瑠璃発祥の地」として境内に「百太夫神社」を祀ります。「人形浄瑠璃」とは、日本の伝統芸能「文楽」のことですね。江戸時代、西宮神社と淡路島は「えびす舞」を通して交流がありました。淡路島は徳島藩として四国と交流がありますから、情報源としては納得できます。

山岡元隣『百物語評判』には四国の「犬神」の話を載せますから、土佐犬のルーツも含め、四国の犬は強かったのでしょう。

でも、なぜ「ひょうたん」なのでしょうね。古来、「瓢箪」は「ひさご」と言っていました。「ひょうたん」と呼ぶのは室町時代以降だそうです。犬に「ひょうたん」では呼びにくいですよね。

その6 むすめの身代わり

鳴尾の小松に、岡太《おかだ》神社があります。

この神社の森に、いつごろからかわかりませんが、大きなヒヒが住みつくようになりました。ヒヒの体はとてつもなく大きく、ものすごい怪力を持っていました。そのヒヒの言うことを聞かなければあたりかまわず暴力をふるうので、村人たちはおそれおののいていました。村人たちが怖がるのをいいことに、ヒヒは次から次へと無理難題をふっかけてくるのです。

「わしの好きな食べ物を持ってこい！」

とどなりつけるのですが、誰一人としてヒヒの好きな食べ物など知らないのでした。

「何をぐずぐずしておるのじゃ。わしの好物は池の鯉じゃ。いますぐ十匹持ってこい。」

「はい、わかりました。池の鯉を十匹、すぐ持って参ります。」

と言っても、真冬の寒い北風の中、池の氷を割って取ってこなければなりません。そんなことで、鯉を届けるのが遅くなるのでした。

するとヒヒは癇癪を起こし、村人が大切に育てあげた田畑の作物を手あたりしだいに抜いたり踏みつけたりしてしまいました。

また、ヒヒが、

「おまえの家の宝物を持ってこい！」と言えば、

「はい、すぐに持って参ります。」

と言わなければ、おさまりません。

しかし、「すぐ持ってこい」と言われても、村人は何を持って行って良いのかわかりません。少しでも遅くなると、ヒヒはその人の家を一気に押し潰してしまいました。

村人たちは、大切に育てた作物を荒らされたり、住む家を壊されたりして、ほとほと困り果ててしまいました。

そんなある日、ヒヒは村人たちに、

「毎年一人ずつ、美しい娘をわしの所へ連れてこい！」

と言い出しました。

「びくびくするな。どの娘にするかはわしが決めてやる。わしが屋根に白羽の矢を立ててやるとしよう。矢が立てられた家の娘を、神社の森に連れてくればよいのだ！」

と、村中に響く大声で怒鳴りつけるのでした。

村の家々では、ことに若く美しい娘のいる家では、暗い悲しみに打ちひしがれていました。

「わが家には、白羽の矢が立てられませんように……。」

と祈り続けました。しかしどんなに祈っても、毎年娘を捧げなければ、村を守っていくことができません。来る年も来る年も、どこかの娘が犠牲になっていきました。力の弱い村人たちは、祈ることしかできません。嘆き悲しみながら、毎年娘を一人ずつ捧げることで村を守っていきました。


ある年のことでした。

豪傑で名を知られた岩見重太郎という人物がこの村にやって来ました。

村人たちは彼に、ヒヒの横暴ぶり、食べ物、宝物はもちろん、かわいい娘まで差し出さねばならない悲しみを切々と訴えました。

村人の嘆きを聞いた重太郎は、

「もう悲しまなくてもいい。わしが退治をしてやるから、安心しなさい。」

と、すぐさまヒヒ退治を引き受けてくれました。村人たちは、あんな凶暴なヒヒをどうやって退治するのだろうと心配でたまりませんでしたが、心を決めて任せるよりほかありません。それから重太郎は、白羽の矢の立つ日を静かに待ちました。ついに、ある家の屋根に白羽の矢が立ちました。父や母は、今まで手塩にかけて育ててきたかわいい娘と別れなければならない悲運に泣きくずれてしまいま

した。娘は、

「お父さん、お母さん、私はこれからどうなるの……?」

と、恐ろしさと悲しさのあまり、床に伏してしまいました。

重太郎は、

「心配しなくともよい。わしが必ずヒヒを退治してやるから。」

と、泣き崩れている娘や家の人に言い聞かせました。

そして、娘を神社の森へ連れて行く夜になりました。

娘が入る長持ちが用意されました。重太郎は、

「この長持ちの中へは、わしが代わりに入る。」

と言って、娘の着物を着て、顔はきれいに化粧をし、娘になりすましました。長持ちの中へは、刀をしのばせて入りました。

村人たちは、重太郎が入った長持ちを神社の本殿まで運んで行きました。娘でないことがヒヒに分かれば、どんなことになるかわかっている村人たちは、だれ一人として口を開かず、足音も立てず運びこみました。

約束どおり娘を入れた長持ちが本殿に置かれているのを見て、ヒヒは喜びました。いつものとおり嬉しげに、長持ちのふたを開けました。そのとたん、重太郎は刀を抜いてとび出し、みごとに村人の

敵、ヒヒを倒してしまいました。
村人たちは、手に手を取り合って泣いて喜び、重太郎に心から感謝しました。
「ありがとうございます。これでもう安心して暮らしていけます。」
今でも、この岡太神社には、「一時《いっとき》女郎《じょろう》」という古い形式の祭りが残っています。岩見重太郎がヒヒを退治した後、娘の身代わり人形を神社に奉納し、お祭りをするようになったということです。

解題

【文学の生成の視点から】

全体的に前話と似ていますので、【児童文学の視点から】を省略しました。「人身御供《じんしんごく》」の形であることは同じです。でも、ヒーローは犬の「ひょうたん」ではなく、伝説の英雄「岩見重太郎」です。ただ、岩見重太郎は実在の人物とする説もあります。成人して、「薄田兼相《すすきだかねすけ》」と名乗った人物だと言うのです。「薄田兼相」は大坂側の武将として、大坂冬の陣、大坂夏の陣と奮戦した勇将でした。大坂の夏の陣で、大坂道明寺口で伊達勢と戦って戦死しています。しかし、後の実録物や講談でヒーローとなる、真田幸村や後藤又兵衛ほどの活躍ぶりは伝わっていません。

つまり、「薄田兼相」＝「岩見重太郎」とするのは無理があるということです。「岩見重太郎」にまつわる伝説は、全国的に大猿の妖怪とされる狒々《ヒヒ》や大蛇退治などで知られます。

残念ながら、西宮の岡太神社に限った話ではありません。日本全国どこにでも現れる「岩見重太郎」ですが、これもヒーロー像として必要な要素です。例えば、弘法大師ゆかりの湯、大蟹退治、秘伝特効薬などは全国にありますよね。

パワーのある化け物から捧げ物になった女性を奪い返す話は、第四話でもあげた『古事記』の素戔嗚尊《すさのおのみこと》の話がありますね。姉の天照大神《あまてらすおおみかみ》に神々の住む高天原《たかまがはら》から下界に追放された素戔嗚尊は、出雲の国に降り立ちます。そこで偶然、八岐大蛇《やまたのおろち》の人身御供になろうとしていた櫛名田比売《くしなだひめ》のことを両親から知り、知略を用いて八岐大蛇から奪い返します。素戔嗚尊は救い出した櫛名田比売と結ばれます。素戔嗚尊は姫と暮らす場所を求めて、出雲に行きますが、その時に詠んだのが、『古事記』に残る

八雲《やくも》立つ　出雲八重垣　妻籠《ご》みに　八重垣作る　その八重垣を

という歌です。『古今和歌集』「仮名序」によれば、和歌はこの歌から始まるとされます。

世界的にも「人身御供」を助けるのはヒーローなのです。

第四話でもあげたギリシャ神話のペルセウスが蛇神メドゥーサを退治した話ですが、これはアンドロメダーの話の一部です。アンドロメダーは母カシオペアがその美貌が神に勝つと豪語したため、神々の怒りをかい、巨大な化け物鯨の生け贄にされます。波打ち際に鎖で縛られた美しい娘アンドロメダーでしたが、そこに蛇神メドゥーサの首を携えたペルセウスが通りかかります。死んでも妖力のある蛇神メドゥーサの目を化け物鯨に向けると、たちまち石に変わり、アンドロメダーは救われ、やがてペルセウスの妻になります。

「岩見重太郎」は、救った娘と結婚しませんから、少し違った話といえるかも知れませんが、通りすがりで化け物退治して、「人身御供」の娘を救うという点では共通していますね。こういうように、影響関係が指摘できなくても、自然発生的に物語はできあがる場合があります。特に神話などは、地上世界が出来る経緯など、日本も中国も似ていますし、旧約聖書も似通っていますね。

でも、岡太神社の「一時女郎」の祭りは見てみたいですね。

その7 船坂峠《ふなさかとうげ》のひだる坊

ひとりの男が、三田に向かって船坂峠をのぼっていました。船坂峠は険しく長い坂道で、男はふうふうと息を荒げながら登っていました。

やっとのことで峠の頂までたどりつき、しばらく休暇することにしました。

「ここらで少し休んでいこう。」

男はあたりを見回して、道端の木陰に腰をおろしました。

暑い日ざしのなかを登ってきた疲れが出てきたのか、男はこっくりこっくり居眠りを始めました。そのうちに深い眠りに引きこまれ、男はとても不思議な夢をみました。

夢の中でも男は重い足をひきずり、船坂峠を登っているのでした。急いでいるのですが、なかなか足が動きません。

ふと見ると、道のまん中に人が倒れています。近づいてみると、それはひどい傷を負った侍でした。侍はたいそう弱っていました。けれどもふらふらしながらも身体を起こすと、男に頼みました。

「私は戦に負けたのだが、どうしても故郷に帰らねばならぬ。頼む……何か食わしてくれ。おまえの持っている飯と水を恵んでくれ。」

男は慌てて手を振り払いました。

「助けてあげたいのだが、あいにく何も持っていない。お気の毒だが……。」

返事が聞こえないのか、男の着物をつかむ侍の力がぐいっと強くなります。

男は侍の手を離そうともがきながら、

「ない！　何も持ってない。」

と叫びますが、侍の引く力は、ぐいっぐいっとますます強くなるのです。

「やめてくれ、手を離してくれ。助けてくれ！」

男は恐ろしさのあまり大声をあげながら、手足をばたばたさせて暴れました。

「もし、もし。起きなされ。えらくうなされて、どうしたのじゃ。」

声をかけられて、男はハッと我に返りました。

男に声をかけたのは、ふもとの鷲林寺《じゅうりんじ》村の寺の和尚さんでした。船坂峠を通りかかり、苦しそうにもがいている男を見つけたのでした。

男は、あまりに不思議な夢だったので、和尚さんに話さずにはいられませんでした。

男の話をふんふんと頷きながら静かに聞いていた和尚さんは、聞き終わると両手を合わせ、深く頭を垂れました。そしてしばらくの間、お経を唱えた後、男に話し始めました。

「だいぶ前のことになるがのう。戦に負けた侍が、わしらの村を通って落ちのびていったことがある。手傷は負うているし、ひもじさもあったのじゃろう。船坂峠のちょうどこの辺で、一歩も先へ進めなくなったのじゃ。峠を登る旅人たちに声をかけても誰一人助ける者はない。侍は、故郷で帰りを待ちわびている妻や子に心を残しながら、そのまま息絶えてしまったのじゃ。わしらの村で静かに休んでもらおうと、墓をつくってとむらったが……、やはり故郷が気がかりと見えて、これまでにもたびたび、峠を通る旅人に食物を求めて出てくるようじゃ。

村の人たちは侍のたましいを『ひだる坊』と読んでお祀りしておりますのじゃ。」

これを聞いて、男はハラハラと涙を流しました。

「和尚さま……、故郷を大切に思う気持ちは私も同じでございます。年老いた母も乳飲み児も、村で私の帰りを待ちわびております。それなのに、夢のなかのあさましい自分の姿……。侍の心がわからず、にぎり飯も水もないと嘘をつきました。自分だけ助かりたい心が恐ろしゅうございます。」

男は鷲林寺の寺で修行させてほしいと申し出ました。男は、今しがた夢を見たそのあたりをきれいに掃除すると、飯と水を供え、和尚さんと一緒にひだる坊に手を合わせるのでした。

それからというもの、鷲林寺村の人々は船坂峠を通る時には、必ず弁当を持って行ったということです。峠で苦しんでいる旅人を見かけると、弁当を分けてやり、介抱してやりました。また、木の葉

に飯を盛り、小高い所にそっと置いて、

「ひだる坊さま、これを召し上がってください。」

と、男の霊を弔うよう丁寧に拝んだということです。

解題

【児童文学の視点から】「痛みを分かち合うということ」

他者の痛みを分かるということは、本当に難しい。このように文字にすると、余計に空々しい気がして、心のなかをうすら寒い風が通り過ぎるようだ。

船坂峠で苦しんだ落武者は、戦いに破れた絶望のなかで、故郷への思いを募らせながら、空腹と喉の渇きに苦しみながら死んでいった。この世に思い残すことが大きかったため、成仏できずに魂がさまよっている。「ひだる」坊のような存在に、もしも自分が出会ったら……と思うと、空恐ろしい気がする。

子どもたちに「人の気持ちを思い遣ること」を語るのは、そう難しいことではない。しかし言うは易し、為すは難し、であろう。自分が大人になってみると、その実感がいっそう強くなる。実際の大人の姿を、子どもたちはそのまっすぐな眼でよく見ている。どんなに美しい言葉で理想を語っても、その人がどのような行いをしているのかを見抜くようである。そこにある矛盾を、子どもたちは理屈抜きで見破ってしまう。

この昔話のなかで、男はひだる坊の気持ちが分からず、食べものも飲み物もないと嘘をついた自分の浅ましさを恥じる。このように、自分のなかのエゴイズムに気付き、悔い改める大人の姿に接して、子どもは初めてそれを乗り越えないといけないものとして感じるのではないか。弱い立場に置かれた人々、傷付いている人々に、大人がどのように接しているのか、子どもは間近で見て学ぶのである。

【文学の生成の視点から】

この話は、全国に伝わる「ひだる神」の話です。『日本大百科全書（ニッポニカ・小学館）』を見ると、御霊《ごりょう》信仰系の妖怪《ようかい》。ただし特定の姿形をもたないので怪異現象とみることもできる。峠道などを歩いていると き、突然耐えがたい空腹に襲われるのを、悪霊《あくりょう》のしわざと考える俗信。飯粒《めしつぶ》の一つでも食べるとか、手のひらに指先で米の字を書いてなめるとかすると治るともいう。村境や峠のあたりには、非業《ひごう》の死を遂げ、行くべきところに行き着けない者の霊が、無縁の霊となって浮遊しており、通りがかりの人の霊を追い出して入りたがっている、という俗信に基づく。「ひだる」はひもじいの意。

となって、立項されています。

ただ、ここでは「ひだる坊」です。落武者の例にしては「坊」が気になります。

西宮市山口には「座頭岩《ざとう》としるべ岩」という、いわれのある岩があります。

昔、京に住む一人の座頭が、目の治療に良いといわれた有馬温泉に入湯しようと、周囲の制止を振り切って、苦労してはるばる四十八ヶ瀬を通ってやってきました。ところが、途中の分岐点で右に行くべきなのを、誤って左谷に迷い込み、遂に戻ることができず死んでしまいました。それ以来、人々は彼の霊を慰める意味で、ここを座《ざ》頭谷《とうだに》と呼ぶようになりました。

太閤秀吉が有馬に入湯の折、この話を聞いて哀れがり、川沿いの弘法大師ゆかりの大岩に「右ありま道」と彫りこませたと言います。

座頭谷は今では数重もの砂防ダムで制御され、昔の面影はありません。

（西宮市教育委員会ホームページ「語り部ノート西宮」より）

ここでは「座頭」の行き倒れですから、そのままの地名になっています。「ひだる坊」も本来は行脚僧の霊であったのかもしれません。ただ、化け物の中に「のっぺらぼう」などというように「〇〇坊」という言い方も多く存在しますので一概には言えません。

山道で道に迷ったり、不慮の事故に遭い、落命することは今の時代でも変わりません。

特に道がわからず遭難したときは食べ物への執着が一際でしょう。餓鬼道に落ちると、いつも飢えと渇きに苦しむ亡者になると言われますが、はからずも、そうなって地縛霊となって、その地で祟る例があるのかも知れません。和尚と男の供養は何よりの手向けです。

後の「13　黄金の仏さま」でも触れているように、このあたりは戦乱が絶えませんでした。落武者をかくまったり介抱すると戦後、勝利者側の取り締まりにあい、わが身の危機となります。せっかく見つけた通行人に冷たくされ、無念の思いで死んだ落武者がいたことは容易に想像できます。

太平洋戦争でも、多くの人が飢えと渇きに苦しみながら死んだとされます。初期の激戦地ガダルカナル島は、半年に及ぶ戦いで補給路を断たれ「餓島」と呼ばれましたし、末期のインドまで攻め込んだインパール作戦の撤退時も補給がなく悲惨でした。「硫黄島」では硫黄の島のために飲み水がなく、自らの尿まで飲んで戦ったと言います。他の戦地でも同様でした。二百万を超える日本兵戦死者のうち、兵器による戦死者を餓死を含む病死者が上回った戦場が存外多かったとも言われます。負け戦は悲惨です。だから勝てばいいということにはなりません。勝った側も負けた側も戦争は悲劇しか残らないのです。

その8

ナスのたたり

船坂は有馬温泉に通じる道筋であり、峠になっています。現在でも、寒天づくりができるくらいですから、冬はとても寒い日が多いのです。

その日も吹雪の舞う寒い日でした。百姓の弥太八《やたはち》は、家の中で竹を割って籠を編んでいました。もう、日が暮れかけています。

「おお、寒い寒い！ これを仕上げて夕飯にしよう。」

その時、トントンと、表戸をたたく音がしました。

「もう暗くなっているし、今時分だれだろうか。」

と戸を開けてみると、はげしい雪の中に一人の老人が立っています。

「私は丹波の者ですが、有馬の湯へ行く途中、ひどい吹雪になり、おまけに日も暮れてしまい、大変困っております。一晩泊めてはもらえないでしょうか。」

弥太八は親切な人でしたから、すぐに老人を中に入れ、囲炉裏端に招きました。

「さあさあ、火に当たりなされ。こんなところでよければ、休んでいってください。」

やがて、茶わんの酒などを勧めます。老人は弥太八に心から感謝し、うちとけて身の上話を始めました。

「私の村は丹波の山深いところでして、米や野菜があまりできません。村の者は、山で木を切ったり、炭を焼いたりして、細々と暮らしています。私は暮らしの足しになるものが何か作れないかと、ずっと考え続けてきたのです。このままでは、村のみんながここに住めんようになる……。いろいろ考えた末、私は決心して、妻や子を残して村を出てきたのです。あれからもう十九年、ずいぶん昔のことになりました。」

老人は、長い年月をたしかめるように頷き、話を続けました。

「何か村の役に立つことを見つけようと、北へ北へと行ってみました。どれだけたずね歩いたことか。やっと、出羽の山形という所で、えらいお百姓さんに出会えたのです。」

「そこは私の故郷より高い所で、その上、雨や雪が多くて、良い作物が育つとも思えん所でした。それなのに、りっぱなナスを作っていて、名物にさえなっている。私は、これじゃと思いました。」

「私は頼み込んで何か月か住み込み、やっとナスづくりを教えてもらいました。そこの百姓たちが何年も何年も苦労し、改良に改良を重ねて作り上げたナスだから、村の外には出せない種なのです。けれど、こんなに遠くまで来たお前さんのことだから…と情けをかけてくれて、大切なナスの種を分けてくれたのです。」

老人はいかにも嬉しそうに顔をほころばせ、湯のみの酒をごくりと飲みました。

「私はその大切な種を持って、丹波の家をめざし、急いで帰ってきたところです。長い道中、賊におそわれて大事なお金を取られてしまったこともあった。けれど、この種だけは守って持って帰ってきたのです。やっとここまで帰ってきたので、旅の疲れを休めようと有馬の湯へ向かっていたのだが、雪がひどいので行き倒れになるところでした。こうして親切にしていただき、休ませてもらい本当にありがたく感じています。」

老人はこう熱心に話をして、嬉しそうな顔をしたまま、その場に寝込んでしまいました。弥太八はその話を聞いているうちに、まるで自分がナスの種を探しあて、持って帰ってきて、船坂の村を豊かにするような気持ちになりました。船坂の村も、この老人の村と同じように高い土地にあり、ふつうの農作物がよく育たず、村人はみな苦しい生活をしているのです。

「そのナスがほしい……。そのナスを育てたら、村の暮らしはもう少し良くなるにちがいない。村中の皆がどんなに喜ぶことか。」

弥太八はもうナスの種が欲しくてたまらなくなりました。弥太八の手が勝手に動いて、老人の腹巻を探りました。「いけないことだ。」と、いったんは手をひっこめましたが、次の瞬間には、夢中で種の袋を引っぱり出していました。震える手で、別の種を入れ替え、元の腹巻に戻したのでした。

夜が明けると、老人は弥太八に何度も何度もお礼を言い、出ていきました。弥太八はホッとしながらも、いたたまれない気持ちになりました。じっと囲炉裏の火を見つめて考えこんでいました。その時、家の外で村人たちの騒ぐ声がしました。

飛び出してみると、「村はずれで、旅の老人が死んでいるぞ!」と村人の大きな声が聞こえます。「もしや!」と思い、走って行くと、やはり昨夜の老人が倒れています。弥太八は老人にとりすがりました。

死んでいると思った老人が大きく目を開き、恨めしそうに弥太八を見るなり、こう言いました。

「ナスの種がない。ナスの種をとられた。……無念だ。あのナスを作る者に祟ってやるぞ……。」

そう言い終わるなり、老人は息絶えました。

弥太八は、老人を手厚く葬りました。

やがて船坂の村は、ナスづくりが盛んにな

り、形も味もよい「船坂の長ナス」と名産として有名になっていきました。

ところが、どうしたことか、その頃から村人の歯に黒い斑点ができるようになったのです。そして、歯をいくら磨いても斑点は落ちないのです。ひどい場合は歯が腐ったようになってしまいます。

弥太八は、毎日を苦悩しながら暮らしました。

「これは、きっとあの老人のナスの祟りに違いない……。」

老人が死んでから十年目の命日に、弥太八は村人たちに集まってもらいました。そこで、自分のしてしまったことを静かに打ち明けました。村人たちに老人の祀りを盛大にしてもらった後、弥太八は罪を償うために、旅に出て、ついには出家したということです。

その後、船坂の村人が患っていた「なすび歯」と言われた黒い歯はだんだんなくなっていきました。

解題
【児童文学の視点から】「盗みの体験」
人は皆、「いけないことだ」と分かっていても、出来心でやってしまったことがあるのではないだろうか。大人になれば、その罪が出来心で済まないようなことに発展する場合もある。幼い心に、人の物を盗むということが、どれほど情けなく、恥ずべきことか、刻み付けておくのは大切なことだ。

実は、私にも身に覚えがある。それは小学校低学年の頃の思い出である。駄菓子屋のクジの景品に大きなイチゴ飴があり、長い間欲しくてたまらなかったのに、クジを何度引いても当たる気配がない。ある日クジを引いて、本当は小さな飴しかもらえない3等だったのに、1等だと嘘をついて大きなイチゴ飴を手にしたのである……。さもしい自分の心が恥ずかしかったし、嘘が分かってしまうのではないかと怖くなり、逃げるように走り去った記憶がある。美味しいはずの大きなイチゴ飴の味は、まったく覚えていない。頭がクラクラするほどの怖さと恥ずかしさで、胸は張り裂けんばかりだった。今でも、そのときの気持ちはよくよく覚えている。どうにもならなくなり、母に相談して駄菓子やのおばさんに謝りに行ったのだった。このような小さな悪さを経験して、子どもは「なぜ、いけないのか」を学んでいくのだろう。いけないことをして、良心の呵責にさいなまれたり、叱られる経験は貴重である。

有島武郎の「一房の葡萄」(1)は、子どもの盗みを扱った児童文学であるが、子ども心に羞恥心や自己嫌悪感が内在していることが見て取れる。友人の絵の具を盗んだ少年は皆の前に引きずり出されて罵倒され、ついには大好きな美しい先生の前に突き出される。彼はどうにもならぬ恥ずかしさと情けなさで泣き崩れてしまう。しかし先生は叱り付けるのではなく、静かに諭し、「明日も必ず学校に来るように」と優しく励ます。

この昔話の場合には、自分の住む地域の貧しさに耐えかね、おもわず老人からナスの種を盗んでしまう男が描かれている。村を救いたい気持ちからといえども、これは決して許されることではあるまい。長い時間をかけてナスの種を分けてもらい、故郷に持ち帰ろうとしていた老人は、盗まれた無念さのあまりに息絶えてしまう。村はナスを特産物にして潤ったが、老人を死に追いやった男の心は晴れることはなかった。罪の意識にとらわれ続け、やがて村人たちはナスビ歯という原因不明の病に冒される。因果応報の報いを病に託して、先達は、人を欺くことの罪を訓えている。

注(1)　『一房の葡萄　他四篇』〔岩波文庫〕有島武郎著　岩波書店（改版　一九八八）

【文学の生成の視点から】

我が地域にない技術を異文化な地域から学び、我が地域が繁栄する。――これは文化の発展の基本かも知れません。ナスの新種を手に入れて繁栄する。種泥棒という「盗み」が正当化される妙な話ですが、この種類の話は「作物起源神話」あるいは「穀物盗み神話」などと呼ばれ、世界の昔話にもとても多いパターンです。

例えば、ギリシア神話のプロメテウスは神の世界から火や穀物の恩恵を人間にもたらしたのである。しかし、同時に災厄や病気ももたらされたのです。

本文でも、ナスのたたりで住民の歯が黒くなったのですから、このプロメテウスの話のまさしく典型です。ただ、思うに歯が黒くなったのは、フッ素の成分の高い水を使用したのではないでしょうか。

何の罪もない老人からナスの種を盗んだことによって、その老人がショックで死んでしまう。むしろ、死に追いやったといえるかも知れません。

何の罪もない出家を親切に泊めながら、その懐に大金があるのを知って、後を追って殺して金を奪ってしまうというのが西鶴の『本朝二十不孝』巻二の二「旅行の暮れの僧にて候」です。この殺人を思いついたのは娘で、そそのかされて実行したのは父親とするのですが、父親は善良な素朴な人間です。

本文の場合も男は善良で素朴な人間です。疑うわけではないですが、老人も殺された可能性がありますね。

種を奪ったという話は、誰がどうしたということが定かにされている話は少ないと思います。あえて例をあげれば、島根の石見銀山・大森代官・井戸平左衛門の場合、幕府より先に薩摩以外の石見の土地でサツマイモ栽培を始めています。これは薩摩の僧からサツマイモのことを聞き、これを飢饉対策の作物にしようと、名代官井戸平左衛門が、自らの手代を派遣して薩摩からサツマイモの種芋を持ってきたという話です。おかげで石見では、享保の大飢饉を耐え、今でも人々は井戸平左衛門を芋代官として慕っています。杉本苑子の『終焉』の主人公ですね。

その9
犬のおつかい

昭和の初めのころ、鳴尾に犬の好きな男が住んでいました。

ある日、男は飼犬を質屋に使い出すことにしました。風呂敷に品物を包み、犬の首にぶらさげると、

「この品物をわたして、五十銭借りてこい。」

と言いつけました。

犬は「わん!」と吠えて尻尾を振って、家を出て行きました。

質屋に着いた犬は、玄関の上り口に両足を乗せて、首を差し出し、「わん!」と吠えました。

質屋の主人は、

「あれ、あれ、ご主人さんの使いか? どれどれ。」

と言って、首にぶらさげている風呂敷包みを解きました。そうして品物を見るなり、

「これは、二十銭やな。」

と言って、十銭玉を二枚持ってきました。そして犬に向かって、

「この二十銭をご主人に渡しておくれ。」

と言って、風呂敷の中に入れ、犬の首にぶらさげてやりました。

すると、犬は質屋の主人に目をむいて向かっていき、大きく、

「わん！」

と吠えました。

質屋の主人は、「二十銭では不服なのだな。」と思いましたが、犬をみつめながら大きな声で、

「この品物は、二十銭の値打ちしかないんや。分かったか？　早く持って帰ってくれ。」

と、どなりました。

しかし犬はびくとも動かず、質屋の主人に対してさっきよりも強く目をむき、

「わん、わん！」

と、吠えました。質屋の主人は犬の横に行って、背中をおさえながら、

「あのな、この品物は二十銭なんや。早う帰れ。」

と、何度も言い聞かせました。

犬は聞くどころか、ますます激しく吠え立てます。人と犬では話にならず、質屋の主人は困り果ててしまい、仕方がないのであと十銭を風呂敷に入れました。そうして、

「さあ、さあ、三十銭になった。早くご主人の所へ持って帰ってくれ。」

と、犬に手を合わせて頼みました。

しかしそれでも犬は動こうとせず、今度は、入口の所で寝ころんでしまいました。

質屋へお客さんがやってきました。入口で寝ている犬を見て、

「うわー、大きい犬やなぁ。」

と、驚きの声をあげました。すると、犬の方も驚いたのか、目をむいて客の方を見ます。客は怖がってしまい、「こわい、こわい！　こんな店あかん、もう帰るわ！」

と言って、急いで出て行ってしまいました。

質屋の主人は、しかたなくまた十銭を持ってきて、風呂敷の中に入れました。これで四十銭になりました。けれども犬は動こうとしません。

ついに、質屋の主人は根負けして、さらに十銭入れて、ついに五十銭にしました。

するとどうでしょう。犬はすぐさま立ちあがり、

「キャン、キャン、キャン」

と、礼を言うように嬉しく吠えたかと思うと、尻尾を

勢いよく振って、主人の待つ家へと帰っていったということです。

解題

【児童文学の視点から】「動物と子どもには…」

忠犬ハチ公で知られるように、犬というのは飼い主に忠誠を尽くす動物だというイメージがある。まさしくこの昔話にも、飼い主の用事を忠実に行うかしこい犬が描かれている。質入をするときに、犬をお使いに遣るとは、何とも大胆である。人間でも交渉が難しいものなのに、犬にそんな事が出来るわけがないと思ってしまう。ところが、犬は動物であることを最大限に活かして、安値を押し付けてくる質屋にうなったり、吠えたりして抵抗するのだ。果てには、諦めないぞといわんばかりに、店先に居座るという大胆さである。質草が二十銭から五十銭になるまで辛抱強く粘り続け、とうとう質屋の主人は根負けしてしまい、犬を帰すために泣く泣く五十銭を風呂敷に入れるのだ。

飼い主はもちろん飼い犬がこれほど賢いことを知っていて、必ず五十銭を持って帰って来ると見込んでお使いに遣ったはずである。また、飼い主も質屋の主人より一枚上手である。短く、単純な昔話であるが、どことなくユーモラスな展開が、子どもたちにはとても面白いらしい。

【文学の生成の視点から】

普通、昭和初期という近代の昔話には、いろいろな外国文学の影響が考えられます。

ところが、この話にはほとんど外国文学の影響がないように思います。

ただ、昭和初期は人と犬との関わりが違ってきます。

江戸時代、「犬」と言えば、あまりいい意味で使われませんでした。江戸時代以前の文学での「犬」の使用例をあまり知りませんが、それは鎌倉時代に「犬追物《いぬおうもの》」という犬を標的として射撃の練習に使うなど、まだまだ愛玩物ではなかったからでしょう。

江戸時代の犬は人間のためによく働いたはずです。しかし、江戸時代前期の仮名草子という小説群では、『犬枕』『犬方丈記』『犬つれづれ』というパロディ文学に「犬」の語が用いられるように、「一段劣る」というような意味が生じてきたのでしょう。

それは「犬でも食わない」という言い回しがあるように、犬が人間の生活のおこぼれで生活する動物、ハイエナのように思われていたからかも知れません。

ところが、江戸時代前期、五代将軍徳川綱吉が「生類憐れみの令」（一六八七年）を出して、そんな犬の保護に乗り出します。でも、この法令のために人命や人権よりも、犬が大切にされるという悪法にエスカレートしてしまいます。

徳川綱吉死去とともに、すぐにこの法令はなくなりますので、一時の事象といえるでしょう。そうなると、やはり以前どおり、「犬」は人間の家来として位置づけられます。

時代劇でよく、「この幕府の犬め」という言い回しが使われますが、これは幕府の内偵役、つまりスパイなどに向けられる言葉です。幕府や上の人にあまりに忠実なために、飼い主の言うことだけを聞くという、庶民の敵、あまり、褒められた言葉でないのが「犬」という語でした。

江戸時代後期になって、有名な曲亭馬琴『南総里見八犬伝』が人気を呼びます。「八剣士」の「剣」を「犬」に置き換え、八剣士の名字に全員「犬」の字を入れたことによって、犬物語の様相になります。

物語は里見義実《よしざね》の娘「伏姫《ふせひめ》（人べんに犬の伏という字をわざと用いている）」が飼い犬の「八房」と結婚し、処女懐胎で八剣士を産むという奇想天外なストーリーですので、当時も今も衝撃的です。

だからといって、犬が今日のように人とパートナーの関係にまでなったわけではありません。

明治、大正はわかりませんが、『吾輩は猫である』のように、犬が中心となって作品に介在する作品は少ないように思います。

昭和になると、日本中が戦争一色になっていく中で、映画や少年雑誌などを通して「軍用犬」の存在が評判になります。戦闘中に伝令犬などとして命をかけて、部隊を危機から救う犠牲的精神はたたえられ、戦友として犬の地位が高くなります。

渋谷駅前で帰らぬ主人を十年以上待ち続け、名物となった忠犬ハチ公の美談も、昭和十年までのことです。

少年雑誌に、『サザエさん』の長谷川町子の師「田河水泡」が連載した漫画、『のらくろ』（野良犬の黒犬が主人公）が大人気となったのもこの頃です。

犬が友だちとなり、犬への信頼感が今以上に厚かった頃の話として理解できますね。

その10
武庫川と猪名川

大阪の南におられる住吉の大神は、西北の方にある山々を領地として持っていました。大神が、自分の住まいをつくるための材木をこの山々から切り出し、猪名川に流して運ぼうとしていた時のことです。

猪名川には女神が住んでいて、この女神は「大神の嫁さまになりたい」と常々願っていました。ところが、武庫川にも女神が住んでいて、こちらの女神も、同じように「大神の嫁さまになりたい」と願っていたのです。

そこで、武庫川の女神は、

「私は大神の嫁さまになるのです。」

と大きな声で言い放ちました。

これを聞いた猪名川の女神は、

「大神の嫁さまになるのは、この私です。」

ところちらも負けじと大きな声で言いかえし、ついに言い争いになってしまいました。

猪名川の女神は、猪名川の川原にある大石を、拾っては投げ、拾っては投げて、武庫川の女神を襲いました。その上、こともあろうか武庫川の河原に爽やかに生えている芹草も、荒々しく引きむしってしまいました。

こんなことがあったので、現在でも武庫川には大石がたくさんあって、芹草が生えていないそうです。また、猪名川には大石がなくて、芹草が生えているということです。

神さまも人間と同じで、恋をして嫉妬のあまり喧嘩をしたりしたということです。

解題

【児童文学の視点から】「川の女神たち」

この昔話は、住吉の大神をめぐる武庫川の女神と猪名川の女神の恋愛譚であるが、登場人物は神様とはいえ、かなり人間じみている。親しみやすいというよりも、生々しいというべきであろうか。女性同士の争いほど怖いものはないと感じてしまう。大声で言い争い、こともあろうか石の投げ合い、果てには草を引きむしってしまうという。このありさまを大神は見ていたのだろうか。もし当事者の男性がこんな女性たちの争いを見てしまったら、あまりの恐ろしさにスタコラ逃げ出すに違いない。

昔の人々は、たとえば武庫川には大石がたくさんあって芹草が生えていなくて、猪名川には大石がなくて芹草が茂っているなどという自然のありさまを、川の女神が喧嘩をしたのだという物語によって解釈しようとする。日本の風土に根付く、人々のおおらかさとユーモアのセンスに脱帽である。曖昧さや不思議さをないまぜにして、このような昔話が何世代にもわたって語られ継がれている。

女性というものは、よく言えば情熱的、悪く言えばヒステリックな一面を持つ。豊饒の女神は、今も昔も変わらず強く逞しい存在なのであろう。

【文学の生成の視点から】

まさしく、武庫川と猪名川との恋のさや当て、住吉の大神との三角関係ですね。

このような雄大な自然が恋などと、ぴんとこないかもしれませんが、川が神様であることは、宮崎駿の『千と千尋の神隠し』で「ハク」という少年の本当の名前が「ニギハヤミコハクヌシ」で学習していますね。

奈良に大和三山と呼ばれる天香久山《あまのかぐやま》、畝傍山《うねびやま》、耳成山《みみなしやま》があります。『万葉集』巻一に

香具山は　畝傍を愛（を）しと　耳成と　相争ひき　神代より　かくにあるらし　古も　しかにあれこそ　うつせみも　妻を争ふらしき

という歌がありますが、この歌の意味は「香具山は畝傍山が愛おしいと、耳成山と互いに争った。神代からこうであるらしい。昔もこのようであったからこそ、現世でも一人の人を二人で争うらしい。」となります。自然の景物の三角関係という点では同じですね。

ところで、この歌を詠んだのが中大兄皇子（天智天皇）ですから問題です。

ご存知のように同じ『万葉集』巻一に

あかねさす　紫野行き　標野行き　野守は見ずや　君が袖振る

という歌があり、詠んだのは額田王《ぬかたのおおきみ》という姫です。この女性が中大兄皇子と大海人皇子（天武天皇）の二人の兄弟から愛されていたとされます。歌は女性が人目を気にしているのに、天皇の御料地を走りながら一人の男性がこちらに袖をふっている光景です。袖をふるのは大海人皇子、それを見ているのは今は天智天皇の妻となっている額田王なのです。なぜ、弟大海人皇子に親しげに袖をふられると困るかというと、額田王にとって、大海人皇子は元夫、『日本書紀』によれば、二人には十市皇女《とおちのひめみこ》という子まであったのです。天智天皇の心やいかにです。

そんな三人の関係ですから、大和三山の歌の境地も複雑ですね。

その点、本文は話として面白くできています。武庫川と猪名川は規模が近く、古代ならどちらの場所からも遠く住吉大社が望めたはずです。嫉妬のあげくの喧嘩では、芹と石の投げ合いになりますが、武庫川は勾配の少ない川なので運搬力に欠け、石がゴロゴロしていた印象があったのでしょう。それにしても壮大でありながらユーモラスな話ですね。

その11 染殿の池

むかしむかし、武庫の海にはたくさんの船が出入りし、珍しい外国の品物が陸上げされる賑やかな港がありました。そこには、すぐれた知識や技術を持った人々が、大陸から海を渡ってやって来ました。

ある年、この港へ中国から一艘《そう》の中国の船が着きました。

その船には若くて美しい二人の乙女が乗っていました。年上の乙女の名はアヤハトリ、年下の乙女の名はクレハトリといいました。二人はたいそう美しく、見事な機織りをするので、この国の役人がはるばる中国から連れてきたということでした。

ところが、港でアヤハトリとクレハトリを待ち受けていたのは、思いがけない知らせでした。

「都では、おまえたちを呼び寄せた方が亡くなられた。もう行くのには及ばないとのことである。」

そう言い残すと、役人はあわただしく都へと旅立っていきました。

長い船旅の疲れを癒す間もなく、見知らぬ土地に取り残された二人の乙女、アヤハトリとクレハトリは、どれほど心細く、また悲しく感じたことでしょう。松の木にもたれて海の彼方を眺めては、故郷を恋しがる日々が続きました。

ある日、アヤハトリが言いました。

「クレハトリ。もう嘆くのはやめましょう。機織りの大好きなわたしたちには、機さえ織れればそこが都なのですよ。ほら見てごらん。澄んだ水の湧き出す池もあるでしょう。あの池なら織物の糸も色鮮やかに染め上がることでしょう。さあ、元気を出して、楽しく機を織りましょう。」

このアヤハトリの言葉を聞いて、クレハトリの心も晴れていきました。

「そうですね。糸を鮮やかな五色に染めて、故郷の錦や綾を織りましょう。」

機《はた》を織るときの歌うような響き、杼《ひ》が走り、浮かび出てくる故郷の景色。美しい模様が輝くように織り上がったときの喜び……それらを思い出すと、織姫たちの心は熱く燃え上がるのでした。

池のほとりに建てられた小屋から、軽やかに機を織る音色が聞こえはじめました。

また、美しく染めた糸や布を池のほとりに干す姿も見られました。

この土地の人々は、今まで見たこともないような美しい染め物や織物に感嘆の声をあげました。多くの人々がここを訪れ、乙女たちの素晴らしい仕事ぶりを褒め称えました。

人々は、糸を染めた池をこの乙女たちにちなんで、「染殿《そめどの》の池」と名づけました。また、乙女たちの名前は、津門綾羽《つとあやは》町・津門呉羽《つとくれは》町の名となって現在も残っています。

解題

【児童文学の視点から】「モノをつくる喜び」

この昔話は、異国の地からはるばる日本に機織りと染物の技と心を伝えた乙女たちの物語である。中国からの長い船旅を終えて、日本に到着してみると、彼女たちを呼び寄せた主は亡くなっていた。その旅は命がけだったであろうから、覚悟の上で海を渡ったに違いない。しかし彼女たちは雇い主を失ったばかりでなく、故郷に帰る手立てすら失ってしまったのである。嘆き悲しむ日々の果てに、彼女たちの心を支えたのは、ものを作る喜びであった。

機を織り、色とりどりの美しい染物を仕上げるうちに、染殿の池に冷たく澄んだ水がこんこんと湧き出でるように、彼女たちの心にはものを作りだす喜びがあふれていった。故郷を景色や風、そして家族を想いながらつくられた織物や染物は、文化や人種の垣根を超えて、人々の心を動かしたのだ。

異なる言語を使い、異なる文化に生きていても、ものの美しさを愛でるということにおいて、人々は分かり合える。文学、音楽、美術などの芸術分野においては、国境を越えて、文化の違いを超えて、年齢をも超えて、人は美しさや喜びを共有できるのではないだろうか。

故郷を離れて異国の地で織物、染物の技と心、そしてものづくりの喜びを伝えた女性たち―彼女たちの名前を刻んだ地名には、人々の感謝が込められている。

【文学の生成の視点から】

まず、「クレハトリ・ハヤハトリ」について、長くなりますが『国史大辞典』(吉川弘文館)の「呉織・漢織(くれはとり・あやはとり)」の項目をあげます。

古代に中国から渡来した綾織の技術者。呉織は呉服、漢織は穴織とも書く。「はとり」は機織の意である。『日本書紀』には応神天皇三十七年二月に阿知使主《あちのおみ》らを呉《くれ》に遣わして縫工女《きぬぬいめ》を求めたところ、呉王は工女兄媛《えひめ》・弟媛《おとひめ》・呉織・穴織の四人を与えたという。四十一年二月にこれらの工女は筑紫に着いたが宗像大神が工女を要求したので兄媛を奉った。あとの三人の工女の子孫が呉衣縫《くれのきぬぬい》・蚊屋《かや》衣縫だとみえている。『古事記』にも応神天皇が百済に賢人の貢上を求めたとき、王仁とともに卓素という韓鍛《からかぬち》、西素という呉服を貢上したとある。また『日本書紀』雄略天皇十四年正月に呉国の使節が呉から貢献した漢織・呉織や衣縫の兄媛・弟媛らを伴って住吉津《すみのえのつ》に着いた。三月に兄媛を大三輪神に奉り、弟媛を漢衣縫部とした。漢織と呉織は飛鳥衣縫部と伊勢衣縫部の祖先だとみえる。呉織・漢織などを送ってきた呉国は南朝の宋のことで、五世紀には南朝との国交が開かれていたから綾織の技術や技術者が渡来したことは確かである。ただし、応神紀・雄略紀のこれらの織工女渡来の記事は、同じ内容のものを分けて記したか、あるいは前者は後者の記事の混入ではないか、といわれる。『日本書紀』崇峻天皇元年是歳条には、飛鳥衣縫造の祖樹葉《このは》の家をこわして法興寺を建てたとみえるので、飛鳥衣縫部は飛鳥衣縫造に管理されていたことがわかる。伊勢衣縫部については『和名類聚抄』に伊勢国壱志郡呉部郷がみえるので、それとの関連が考えられる。漢織の織った綾がいかなるものであったかは不明だが、呉織については『令集解』職員令の織部司条に、呉服部が小綾を織ったと記されている。『新撰姓氏録』河内国諸蕃に呉服造がみえるので、呉服部は呉服造に管理されていたことが知られる。呉織・漢織などの工女が織った綾は、高貴なものとして貴族の服飾や祭祀の装束・調度の装飾などに用いられた。

これだけの史書に書かれているのですから、「クレハトリ・ハヤハトリ」は実在した人物と言ってよいと思います。ただ、右の記事では二人の姫が「住吉津《すみのえのつ》」に着いたことになっています。同じような話で大阪府池田市室町の「呉服《くれは》神社」の縁起があることは有名ですので、「呉服神社」についてあげてみます。

猪名《いな》川左岸の平坦地に鎮座。祭神は呉織姫・仁徳天皇。旧郷社。社伝によれば呉服比売神は「日本書紀」応神天皇三七年・四一年条にみえる日本に機織・裁縫の技術を伝えた呉織で、応神天皇四一年に渡来してから仁徳天皇七六年九月に没するまで、その技術をもって仕えたことから仁徳天皇によってその霊を祀る社殿が建立され、秦下《はたしも》社と称したのに始まるという。その後朝野の崇敬あつく、延暦四年（七八五）桓武天皇の社殿造営、天禄二年（九七一）鎮守府将軍多田満仲の再興などを伝え、正中二年（一三二五）には後醍醐天皇より宸翰を賜わり、それより呉服大明神と称するようになったという。なお、坂上系図に鎌倉時代初頭以降、呉庭《くれは》庄内に牛頭天王を祭神とし、呉庭の開発領主土師正任の嫡流が神主職を代々つとめている呉庭総社がみえるが、この呉庭総社を当社とする見解がある。慶長九年（一六〇四）豊臣秀頼は片桐且元を奉行として社殿を再建した（大阪府全志）。末社として両皇大神社・事代主神社・猪名津彦神社などがあり、社宝に呉織の木像、後醍醐天皇筆「呉服大明神」の額などがある。社宝が少ないのは猪名川に沿った低地で度々水害などを被ることがあったためといわれている。なお当社近くには、呉織および穴織にちなむ梅室・姫室・染殿井・絹掛松・織殿跡などがある。梅室・姫室は塚で、前者は呉織、後者は穴織が埋葬されていると伝える。「摂陽群談」には「二女神去りて後機織の具を埋めし所なり」とある。染殿井は糸を染めた井戸、絹掛松は染めた糸を掛けた松、織殿跡はもと機織の殿屋のところという（大阪府誌）。

［（『日本歴史地名大系』（平凡社）より）］

この二つの記事からは「クレハトリ・ハヤハトリ」が渡来人でありながら、呉服製作という技術伝達で貢献し、神として祀られたことがわかります。

しかし、遠く離れた異国にやってきた二人の寂しさ、不安、懐郷の思いは「18　白滝姫の涙水」の比ではなかったのではないでしょうか。その感謝の心が西宮にこの話を伝えたのではないでしょうか。

その12
甲山《かぶとやま》とソラジン

むかし、むかしのことでした。

都から、天皇のお后が寺を建てる場所を探して甲山に来られました。このお后は、西方の山にあまりにも美しく光る雲がかかっているのを見てふしぎに思い、訪ね歩いて甲山にお越しになったのです。

甲山に来てみると、野には美しい花が咲き乱れ、地中からは蒸気が立ちのぼって五色にかがやいていました。そこへ大きくあでやかな蛾が現れ、お后にこの山を守るように伝え、黒い息をはきながら空高く舞っていくのでした。

お后は「ここは、何とふしぎな所だろう」と思い、頂上に登って、しばらく空をながめていました。すると、空に紫の雲がたなびき、峰いっぱいに流れ広がりました。その中から、とつぜん美しい女神が現れて、

「ここは『魔尼《まに》の峰』といい、その昔に宝を埋めた場所です。仏さまにはとても良い所です。」

と告げて姿を消しました。

都から来たお后はたいへん喜んで、さっそくこの場所にお寺を建てようと決めました。自分も尼になって名を如意尼《にょいに》と変えました。

如意尼は、仏さまの心を知ることができるようにと、毎日熱心に経を唱えました。

やがて、弘法大師を招いて如意輪観音像を彫ってもらい、大勢の人の力で甲山に立派なお寺ができることになりました。

ところが、甲山の西の方の鷲林寺《じゅうりんじ》あたりに、悪神ソラジンが住んでいました。

ソラジンは、

「仏をまつると人々はみな良い人間となって、自分の言うことなど聞かなくなる。そうなったら困る。お寺ができないように邪魔をしてやろう。」

と考えました。

そこでソラジンは、大ワシに化けて火を吹きながら甲山を襲い、寺を焼いてしまおうとしました。

お寺には、仏さまにお供えする水を汲む井戸がありました。如意尼をはじめ尼たちは、その井戸から水を汲んでソラジンの火を消そうとしましたが、火の勢いが強く、お寺に火がついてしまいそうになったのです。

その時、突然その井戸から水が吹き出しました。水は水柱となって立ちのぼり、それが四方へ広がると雨のように降り注ぎ、またたく間にソラジンの火を消してしまいました。

火を消されたソラジンは、

「わしの力では、どうすることもできない。無念じゃ。」

と、逃げ帰って行きました。

尼たちは安堵しました。しかし、いつまた現れてくるかもしれぬソラジンです。どうしたものかと弘法大師にたずねますと、

「ソラジンが悪神であっても、決して憎んではならない。憎めばまたきっと悪いことをしてくるだろう。甲山の東の方に大きな岩がある。その大岩の頂にソラジンを祀ってやれば、きっとおとなしくなるであろう。」

とお教えくださいました。

如意尼は、その言葉どおりに、ソラジンを神として祀ったということです。

解題

【児童文学の視点から】「甲山」

関西学院大学は甲山の麓にある。学生時代には体育の授業などでよく甲山を一周したものだ。ちょうどお椀をひっくり返したような、丸みを帯びた小さな山である。さほど高くない山なので、すぐに頂上にも登ることができる。甲山には森林公園もあり、近隣の人々が集う憩いの場、散策や軽登山を楽しめる場所としても愛されている。私は長いあいだ西宮に住み、山歩きを趣味としているので、特に甲山は親しみ深い山である。そんな甲山に実はこのような昔話が残っているという。

如意尼は仏の心を知ることができるようにと、熱心に経を学んでいたという。ソラジンという悪神が寺の建立を邪魔したとき、弘法大師は「ソラジンが悪神であっても、決して憎んではならない」と言った。憎しみが憎しみを増長させてしまうことを指摘しているのだろう。とはいえ、人間の心の中に憎しみは宿らぬといえば嘘になる。嫉妬、猜疑心、憎悪など卑しい気持ちがうまれるのもまた、人間の本質的な側面であろう。弘法大師は、その憎悪に憎悪をもって対峙するのではなく、「ソラジンを祀る」ということによって乗り越えることはできないかと提案する。その「赦し」の姿が、ソラジンの憎悪の炎を鎮め、寺の建立を実現させたといえよう。

五色に輝く霧のなかに色とりどりの野の花が咲き乱れる甲山は、「赦し」の仏心を象徴している。人の心のなかに渦巻く憎悪と、どのように向き合うのか……弘法大師の教えは、昔を生きた先達の知恵の姿ではなかろうか。

人の心についてさまざまに思いをめぐらせながら、不思議な昔話が残るこの甲山を散策してみてはいかがだろうか。

【文学の生成の視点から】

今も親しまれている甲山の「神呪寺」について、『国史大辞典』からあげると、

兵庫県西宮市甲山町にある寺。真言宗。感応寺とも書く。俗に甲山大師、山号を摩尼山という。神功皇后が三韓より帰国後、如意珠・甲冑・弓箭などを埋納したという山に、天長五年（八二八）淳和天皇の次妃であった如意尼が堂宇を営んで隠遁。弘法大師を迎えて開基とし、大師が尼の身量に准じて刻んだ如意輪観音を本尊として安置したという。天正七年（一五七九）荒木村重の叛によって焼かれ、元禄九年（一六九六）再興。本尊如意輪観音坐像（平安時代）・弘法大師坐像（鎌倉時代）その他の重要文化財が所蔵されている。

となっています。この傍線部の記述の資料となったのは、虎関師錬著『元亨釈書《げんこうしゃくしょ》』（一三二二年撰述）によっています。この書は仏教の伝来から当時までの七百有余年間における高僧の伝記や史実などを記した一種の高僧伝です（［『日本国語大辞典』（小学館）］）。高僧伝については「14　鯉塚」にゆずりますが、その箇所を一部紹介します。

……摂州ニ宝山アリ、如意輪摩尼峰ト号ス、昔神功皇后、新羅ヲ征シテ、還リタマヒシ時、皇后ノ新羅ヲ征シタマフ事、十六巻曇徴伝ノ賛ニ註ス、新羅国ハ、巻二圓澄伝ニ註ス、蔡氏書経大禹謨註曰、征、正也、往正其罪、如意珠、及ビ金甲冑、弓箭、宝剱、衣服等ヲ埋ム、如意珠ハ、十語巻仏哲伝ニ註ス、故ニ、亦此所ヲ武庫トイフ、日本事跡考曰、摂津国兵庫、一名武庫、或作務古、汝、蓋、彼ニ居ザルヤ、トアリシカバ、妃、其言ヲ聞テ目ヲ開キ、コレヲ見ルニ、端正ノ天女、白龍ニ乗、白雲ヲ引従へ、西南ニ向ツテ飛去リ、妃ハ、心ニコレヲ怪ミ、且マタコレヲ喜べリ、サレハ、コノ天女ト云ハ、マサシク大辨才天ナリ、辨才天女ノ事、巻圓爾伝ニ註ス、サテソノ白龍ハ、マタ石像ト変ジケルガ、今猶此地ニ在、……

この引用箇所は『元亨釈書』そのものではありません。『元亨釈書』の原文は漢文体で書かれています。作者の「虎《こ》関師錬《かんしれん》」は京都五山の僧でしたが、この頃、五山では漢文体で文学を著すことが学問の一つとして盛んでした。これ

を日本文学史では、「五山文学」と呼びます。その典型の『元亨釈書』は名著なので、後の人が注釈をつけました。引用したのは、江戸時代の注釈書『元亨釈書和解《わげ》』（神道大系編纂会　二〇〇二）巻十八です。小さい字は注釈です。よく読まれたのでしょう。「浅井了意」という人物がいます。

> 江戸前期の仮名草子作者。浄土真宗の僧侶、唱導家としても活躍。松雲・瓢水子などの別号がある。多数の仏教書の他に、仮名草子三十余部を著したが、中国の怪異小説「剪燈新話《せんとうしんわ》」などを翻案した「御伽婢子《おとぎぼうこ》」、浮世房の一代記の形をとって現実社会を批判風刺する「浮世物語」などが代表作。享年は八十歳前後と推定される。生年未詳、元禄四年（一六九一）没。
>
> （『日本国語大辞典』より）

博学の人物ですが、右にあげた仮名草子『御伽婢子』（一六六六年刊）、その続編とも言える『狗張子《いぬはりこ》』（一六九二年刊）ともに西宮の甲山についての記述があります。ともに『元亨釈書』の右の箇所を利用していますので、甲山の伝説は『元亨釈書』か浅井了意の作品から広がったと言えるでしょう。

本文の如意尼と開基弘法大師にかかわる前半の話は『元亨釈書』か浅井了意の影響と考えられるのですが、問題は後半の「ソラジン」という悪神の話です。

「甲山の西の方の鷲林寺」のあたりに住んでいたというのですが、今も残る「鷲林寺」は、ずっと高野山真言宗のお寺として栄え、誰が開基かは不明のものの、如意尼が開基したという説もあるぐらいですから、けっして、甲山の神呪寺と対立していたわけではなかったでしょう。むしろ、現鷲林寺のあたりに住んでいたと解釈すべきです。

「ソラジン」という妙な名前も気になりますが、悪神としながら、最後は弘法大師が退治することなく、祀ることで鎮めたという終わり方も不自然です。

ここからは大胆な推論なのですが、「ソラジン」とは先住一族でなかったのかと考えます。甲山に続く麓の上ケ原には古墳が多く、今も関西学院大学構内古墳という六世紀後半から七世紀頃の古墳が残っています。また、甲山山頂にも甲山山頂遺跡として弥生時代後期に属すると考えられる遺跡が発掘されています。甲山を中心に早くから開けた文化があった地域であったことは間違いありません。

そうすると、甲山には神呪寺や鷲林寺のあたりには、それらのお寺が建立されるほんの二百年前まで先住民がいたということです。その先住民の首領が「ソラジン」とすれば、彼を中心とした人々が仏教を排斥し、仏教寺院建立を火をつけるなどして反抗したのではないかと想像できるのです。もちろん、大ワシに化けたのは昔話としての付けたしです。

しかし、常識的には、神呪寺建立の八十年ほど前に聖武天皇が仏教による鎮護国家を目指し、奈良に大仏を造ったり、全国に国分寺を建てたりして、日本を強力な仏教国にしましたから、都に近い西宮にそのような反仏教徒の人々が住んでいたとは考えにくいと思います。

「ソラジン」とは同じ仏教徒でも反真言宗であったかも知れませんし、渡来系の人だったかも知れませんね。いずれにせよ、弘法大師が祀って鎮めなければならないほど、抵抗勢力として、「ソラジン」側の人々もいたということでしょうね。

世界的にも被支配層の人々が、悪神や妖怪、妖精などに仕立てられてしまったと推測できる昔話は多いですからね。

その13

黄金の仏さま

船坂の善照寺に、善想《ぜんそう》というお坊さんが住んでいました。

ある晩のことです。善想の夢の中に、黄金に輝く仏さまが現れました。

「わたしは、播磨の国の上久米《かみくめ》村にいる如来です。私は、今はこの村にいるのですが、本来ならばあなたの住む善照寺に祀られることになっているのです。一日も早く迎えに来てください。」

そう言うと、黄金の仏さまはすっと消えてしまいました。仏さまの姿が消えた時、善想は目を覚ましました。

「ふしぎな夢だ。あの夢は本当なのだろうか。それともただの夢か。でも、声ははっきりと聞こえたし、黄金に光る尊いお顔の仏さまだった。お迎えに来いと言われたのだから、やはり行ってみることにしよう。」

さっそく、善想は播磨の国を目指して旅立ちました。有馬を過ぎ、西へ西へと歩いて行きました。夢に現れた黄金の仏さまの姿を思い浮かべながら、ひたすら旅路を急ぎました。

善想が摂津と播磨の国境の淡河《おうご》という村に来たときでした。向こうから一人のお坊さんが、何やら重そうなものを背負い、念仏を唱えながらやって来ます。

近づいたお坊さんの背中を見て、善想はたいそう驚きました。何と、善想が夢で見た仏さまにそっくりの黄金の仏さまではありませんか。善想は、無我夢中で

「もし、あなたが背負っておられる仏さまは、上久米村の如来さまではございませんか。」

と尋ねました。すると、そのお坊さんは、

「よくご存知ですね。この仏さまは、確かに上久米村の如来さまでございます。しかし、あなたはそれをどうしてご存知なのでしょうか。」

相手のお坊さんも、驚きながら、そう尋ねてきました。

そこで善想は、夢枕に立たれた仏さまの話をしました。すると、そのお坊さんは、

「そうでございますか。わたくしは上久米村の如意と申します。実は、わたくしもあなたと同じ夢を見たのです。そこで、この如来さまをあなたのおられる善照寺へ送り届けるところでした。あなたがお迎えに来てくださったのですから、ここでお渡しいたしましょう。」

そう言うと、背負っていた仏さまをそっと石の上に置きました。

「それはそれは、ありがたいことでございます。」

二人は偶然の出合いを喜び合い、仏さまの前に並ぶと、声をそろえて経を唱えました。片方はお別

れの、片方は迎えの挨拶です。経が終わると、

「どうぞよろしくお守りください。」

「はい、大切にいたします。」

と言い交わし、二人はそれぞれ今来た道を、自分の村へと帰って行きました。

善想は、如来さまを背負い、

「ありがたいことだ、ありがたいことだ。」

と言いながら、上久米村へと急ぎました。

「大事にせねば」

と肩に力を入れ過ぎたのか、善想はとても疲れてしまいました。そこで、船坂も近くになった時、お地蔵さんの前で一休みすることにしました。

そして背中の如来さまを降ろしたところ、

「船坂まで、ここからどのぐらいあるのか。」

と、如来さまが聞かれました。

「一里ぐらいでございます。」

善想が答えますと、

「まだ一里もあるのか、遠やのう……。」

と、如来さまはつぶやくように言われました。

それから後、そこの地蔵さんは「遠《とお》矢《や》地《じ》蔵《ぞう》」と呼ばれるようになったということです。

さて、善照寺に如来さまをお迎えした善想は、大切におまつりしていました。ある夜ふけのこと、このお寺に泥棒が忍び込みました。如来さまが黄金でできているという噂を聞いたからです。

本堂に安置されている如来さまを見つけた泥棒は、

「うわさ以上に美しい仏さまだ。黄金に輝いている。これさえあれば、おれは大金持ちになれるぞ。」

と喜びました。さっそく如来さまを持ち出そうとしました。すると、如来さまにかけた手がすいついたようにはなれず、思うように力が入りません。それでも泥棒は、何とか縁側までは如来さまを引きずり出しました。が、とうとう、金縛りにあったように手も足も動かなくなってしまいました。

「黄金の仏さまどころではないぞ。こんなことをしていると、自分の命が危ない。」

泥棒は如来さまからやっと離れると、うしろもふり返らず一目散に逃げ出してしまいました。

この話はたちまち広まり、善照寺の仏さまは泥棒よけになると信じられるようになりました。如来さまの足は台座から少しはなれ、紙一枚が入るほどのすき間があります。如来さまをおがみに来る人々は、このすき間に紙を入れ、足形をとるようになりました。如来さまの足形を家に置くと、泥棒が入らないおまじないになるというのです。

こうして、善照寺の仏さまは「浮足如来さん」とも呼ばれ、人々に親しまれるようになったという事です。

解題

【児童文学の視点から】「あるべきところに」

何らかの事情で行方不明になっていた黄金の仏像が、もともと祀られる場所に戻るという不思議な昔話である。善想の夢枕に立たれた黄金の仏さまは、自分の居場所を告げ、迎えに来て欲しいと善想に頼む。このように夢枕にまつわるエピソードは、昔話に多いパターンである。心理学のある領域では、夢を無意識の表れとして、その意味の解釈も行われる。

船坂の善照寺の善想が迎えにいくと、上久米村の如意が同じ夢を見て、黄金の仏さまを送り届けるためにこちらに向かっていた。無意識が呼び出した夢にしても、送り側の如意と、迎え側の善想が同じ夢を見るということは、やはり仏像のお告げなのだろう。この信心深い二人の僧侶に見守られ、黄金の仏像は無事に善照寺に安置される。

この仏像が黄金の如来像であることから、欲に駆られた泥棒が盗みを働こうとする。如来から泥棒の手が離れなくなり、体中がこわばって動けなくなったというから恐ろしい。やはり盗みがいかにばちあたりな行為かを、思い知らせてくれる。泥棒の罪意識が身体をこわばらせたのか、本当に如来にその力があったのかはわからないが、この如来が泥棒を退散させたことから、足型にご利益があるという噂が広まり、人々から親しまれたという昔話だ。

現在は盗まれた仏像がオークションなどにかけられているのを、檀家がそれを見出すという事件があるらしい。ほとんどインターネット上でその姿を見つけるというから、こちらもまた不思議な気がする。もしかすると夢枕に立つのと同様、やはり仏さまがあるべきところに帰りたいと思う気持ちと、寺で待つ僧侶の願いがそれこそ不思議な糸でつながるのだろうか。

【文学の生成の視点から】

播磨の国、上久米《かみくめ》村というのは、兵庫県加東郡にある地名です。善照寺は、西宮市山口町の船坂にあります。二人の僧が出会ったのが神戸市北区淡河。地理的に理解できないかもしれません。

江戸時代以前より「淡河街道」と呼ばれる有馬と三木を結ぶ道がありました。山陽自動車とほぼ平行した道ですから、船坂と淡河は一直線で結ばれます。上久米から淡河まで歩いてきたことも無理はありません。

夢のお告げが文学になる例は数えきれませんし、昔話はもっとです。ただ、二人が同じ仏像に関する夢を見る例は少ないと言えるでしょう。石山寺にある大黒天は万寿元（一〇二四）年に、三人の僧の夢のお告げにて湖水より出現したと伝えますが、このような例を説話類からは見いだせません。しかし、縁起物にはありそうな夢です。

また、泥棒が仏像を盗もうとして、その霊験で未遂に終わった話も多いですが、これも縁起物の典型といえるでしょう。

例えば、加古川市の鶴林寺の「聖観音立像」は別名「あいたた観音」と呼ばれています。「聖観音立像」は奈良時代に造られた金銅仏です。昔、泥棒がこの「聖観音立像」を盗み出し、溶かして金を取ろうとしますが、うまくいきません。そこで泥棒は腹を立てて観音像を槌でたたいて壊そうとしますが、「あいたた、あいたた」という声が聞こえてきました。びっくりした泥棒は改心して、観音像を寺に返しました。そのため、今でも「あいたた」観音様は、槌でたたかれた腰部が曲がったままになっている、と伝えられています。

黄金の仏像ですから、評判であったでしょうし、本文同様盗みたくなったのでしょうね。それがきっかけで「浮足如来さん」と呼ばれますが、名前が代わることで両寺とも仏像として崇めるより、親しみやすい仏様になったことでしょう。

ところで、なぜ仏像のような、その寺になくてはならないものが他所にあったのでしょうか。昔から「淡河街道」に続く船坂は、京都から意外と近く、争乱のたえない地域でした。歴史に大きく名をとどめたわけではありませんが、源平の合戦、南北朝の争乱、嘉吉の乱、応仁の乱とこのあたりを領した有馬氏は戦に翻弄されます、三木合戦や荒木村重を含め、明智光秀も加わりましたが豊臣秀吉の木下藤吉郎時代との小競り合いもありました。

有馬氏の傍系は淡河にもあり、戦時の避難路として、しばしば用いられたはずです。

また、有馬氏は播磨守護の赤松家の家来でもありましたので、播磨とも縁が深くありました。いつかの戦乱で、善想のように船坂の善照寺から仏像を背負い、淡河に向かい、さらに難を避けて、播磨の上久米へ逃げたことがあったのかも知れませんね。このあたりの歴史に興味のある方は、ぜひ調べてみて下さい。

その14
行基の鯉塚《こいづか》

むかし、行基という尊いお坊さんがおりました。国中のあちこちを旅しながら、悪い病気に苦しむ人たちを治していました。

行基が摂津の国の有馬に名湯があるとの話を聞いて、やってきた時のことです。

険しい山をこえ、ちょうど船坂あたりにさしかかると、行基はどうしたことか一歩も歩くことができなくなってしまいました。

どのくらいたったでしょうか。そこへ山仕事を終えた村人たちが通りかかり、松の木にもたれてぐったりとしている行基を見つけました。村人たちは、行基を急いで村へ連れて帰りました。

村人たちは、「何か元気の出る食べ物を差し上げたい」と考えましたが、その村はたいそう貧しく、皆その日の暮らしがやっとで、粗末な食べ物しかありませんでした。

「そうだ、鯉を食べると元気が出るそうだ。」

「よし、わしがひとっ走り山を越えて、奥の池にいる鯉をつかまえてこよう。」

元気な若者が大きな籠をかかえて、駆け出していきました。やがて、帰ってきた若者のかごには、池の主かと思われるような見事な大鯉が入っていました。

さっそく村人たちがその鯉を料理して、行基に食べさせました。行基はたちまち元気になっていきました。

すっかり元気な体になった行基ですが、なぜか心は晴れません。

庭に打ち捨てられた鯉の骨を見て、行基は考えにふけるのでした。

「わたしの命は助かったが、その代わり、命あるものが一つ消えてしまった。」

行基は念仏を唱えながら、丁寧に鯉の骨を拾い集めました。そして塚をつくり、心を込めて鯉の供養をしました。

そのようなことがあって、船坂には「鯉塚《こいづか》」という地名が残っているということです。

解題

【児童文学の視点から】「命をもらって生かされる」

奈良時代を生きた行基にまつわる昔話が、船坂に残っている。船坂で倒れた行基を、村人たちが必死の思いで世話をする話である。民衆の生活に寄り添い、苦しみや喜びを共にした行基だからこそ、このような庶民の生活に根差した昔話が残っているのだろう。

鯉は高級食材として、現代でも珍重されている。地域によっては、お産を終えた母親に滋養をつけるために食べさせる慣わしもある。この昔話では、行基は一歩も歩くことができないほど疲労困憊していた。たぶん、息も絶え絶えだったに違いない。そんな行基を見つけた村人は、「鯉を食べると元気が出るそうだ」と自分たちのひもじさを忘れて、行基を救うのである。池の主かと思われるほど大きな鯉を捕らえるには手間取ったと思われるが、その大鯉を料理して食べさせると、行基はさっきまでの姿が嘘のように元気を取り戻す。村人たちの行基を思う心が、彼の命を救ったのであろう。

しかし僧である行基は、いくら自分が死にかけていたとはいえ、殺生したことがショックだったのだろう。自分の命が助かるために、鯉一匹の命を犠牲にしてしまったと罪の意識にさいなまれるのである。船坂の鯉塚は、私たちが生きるために供される命に対する憐れみが象徴されているのではないか。

餓えることも渇くこともない現代の子どもたちには、行基の憂いは不思議と映るかもしれない。しかし、この昔話から「私たちは何の命をもらって、生きているのか」という問いへの手がかりを見出せるのではないか。

【文学の生成の視点から】

行基《ぎょうき》が偉いお坊様で全国を行脚し、水回りの悪い伊丹の灌漑のために、昆陽池をつくったことは有名ですね。そのため、歴史人物事典などから紹介すると、とても多くの功績があります。そこで簡潔に「行基」をまとめたものをあげます。

［六六八～七四九］奈良時代の僧。百済《くだら》系の渡来人、高志《こし》氏の出身。和泉《いずみ》の人。法相宗《ほっそう》を学び、諸国を巡って布教。民衆とともに道路・堤防・橋や寺院の建設にあたったが、僧尼令違反として禁止された。のち、聖武天皇の帰依を受け、東大寺・国分寺建立に協力。日本最初の大僧正の位を授けられた。行基菩薩。ぎょうぎ。（大辞泉）

このような実在の高僧を主人公として、その逸話を残したものは「高僧伝」として、日本やアジアに多く残っています。その逸話が事実かどうかは今となってはわかりませんが、その僧の生前の功績を宗派を超えて讃える気持ちからできあがったのでしょう。

「鯉塚」という地名は、西宮市山口町船坂北山鯉塚というように残っています。

少し疑問に思うのは、鯉という生き物を食べないという「殺生戒」が当時、どこまで守られていたかということです。なるほど、「殺生戒」は仏教の教えの中で、五戒・八戒・十戒の一つとして、堅く守るべき戒めですが、奈良時代の食生活には肉食も多く、特に庶民と交わる行脚の場合、江戸時代ほど厳しくはなかったのではないかと思うのです。

しかし、命の恵みに感謝していただくことは大事ですね。

その15

独鈷《どっこ》の水

むかし、むかしの真夏の日のことでした。その日は朝から日射しが強く、照りつける太陽のもと、ひとりの男が暑さにあえぎながら歩いていました。

名塩《なじお》の村を出て山口・三田のほうへ行くには、東久保《とうくぼ》というところから登り道になります。この一人旅のお坊さんは、この登り道にさしかかって峠を見上げ、大きな息をつきました。朝からずっと歩きづめで、足は棒のようです。それに、喉がカラカラに渇いていました。

お坊さんは、ある家の前に立ち止まり、

「ごめんください。水を一杯いただけませんか。」

すると、おばあさんが出てきて、気の毒そうに言いました。

「このあたりの水は、あまりいい水ではないのじゃ。こんなに日照りでは、谷の水も枯れている。でも、待っていなされよ。何とかしてみるから。」

やがておばあさんは、茶わんにわずかばかりの水を汲んできてくれました。

「きれいなおいしい水でなくてすまんなぁ。この村の者たちは、水に苦労しているのじゃ。濁った水しか出てこないのじゃよ。」

見知らぬ旅の者に、何とか飲める水をと、汲んでくれたおばあさんの親切な心に、お坊さんは手を合わせてお礼を言い、水を飲みました。

「ああ、おいしかった。渇いた喉には、本当においしい水だった。」

お坊さんは道ばたに腰をおろし、身体を休ませながら、しばらく物思いにふけっていました。

あたりを見回して、

「みなさん、どんなにお困りのことか。よい水が出るとよいのだが……。」

と言って立ち上がり、庭の向こうまで歩いて行きました。そこで立ち止まって、お経のような言葉を口の中でつぶやきました。そして持っていた独鈷《どっこ》を、

「えいっ！」

と、鋭いかけ声とともに地面に突き刺しました。このお坊さんのどこからそんな声が出るのかというほどの気合いのこもった声でした。

人々が集まってきて、驚いた顔でみつめています。

お坊さんは、なおもお経のような言葉を激しく唱え、しばらくして独鈷に手をかけ、

「やっ！」

と引き抜きました。
するとどうしたことか、その穴から水が勢いよく吹き出しました。おばあさんをはじめ、見ていた人々はまた驚きました。信じられないという顔つきでしたが、澄んだ水の湧き出ているのが本当だとわかると、人々はどっと喜びの声を上げて、とびあがりました。
「これでもう、水に困ることはないはずじゃ。」
村人たちが手に手に水をすくって、喜び合っている間に、お坊さんはどんどん峠へ向かって歩いて行き、そしてすぐに姿が見えなくなってしまいました。あんなに疲れた様子だったのに、嘘のように元気に行ってしまいました。

「不思議ななお坊さんだ。」

「偉いお坊さんにちがいない。」

「そうだ。きっと弘法大師さんだろう。」

みんなは、もう姿の見えない東久保の峠に向かって伏し拝みました。

それからというもの、長い間この土地ではきれいな水が湧き出ています。どんなに強い日照りの夏も、水は涸れることなく、滾々と湧き続けています。人々は「弘法大師の独鈷の水」といって、大切に守り続けています。

解題
【児童文学の視点から】「いのちの水」
独鈷とは「独鈷杵《とっこしょ》」の略で、ドッコとも読むそうである。人間の煩悩を打ち砕き、仏の智慧の徳を表す法具として用いられたらしい。弘法大師は独鈷を唐から持ち帰り、祈祷のときには必ず手にしていたという。また、弘法大師の独鈷にまつわる昔話は、全国各地に存在する。独鈷で岩や土を打ち砕いて、湯や水が湧き出てくるパターンである。
この昔話では水を得るのに苦悩していた人々のもとに訪れた弘法大師が、老人の健気な気遣いに心を打たれた。独鈷を振りかざして地面に突き刺すと、そこから水が勢い良く湧き出てくるというのである。水道の蛇口から当たり前のように水が出てくる現代とは違い、人々は日照りが続けば飲み水すらなくなる暮らしをしていた。水は命の源であり、生きていくのに必需のものである。その生命の水を招いたのは、村人たちが苦悩のなかにも、たくましくお互いを労わりあって暮らす真摯な姿だったのではないか。

子どもたちがこの昔話に出会うとき、今とは違う水の意味に驚くだろうし、また弘法大師の神がかり的な偉業に憧れるのかもしれない。旅人のために必死で差し出した湯飲みの水は濁っていても、おばあさんの心は澄んで清らかである。人を思い遣る心の尊さを、この物語に読みたいと思う。

【文学の生成の視点から】

「独鈷」は、真言密教の修法に用いる、両端が分かれないでとがっている金剛杵《こんごうしょ》のことです。挿絵を参照して下さい。弘法大師《こうぼうだいし》と言えば高野山ですが、なぜ、この地から真言宗を広めようと思ったかという有名な話があります。遣唐使として帰国する際のことです。

恵果和尚について、真言密教の教法を余すところなく受けついだお大師さまは、大同元（八〇六）年八月、明州《みんしゅう》から日本に帰ることになりました。

お大師さまは明州の浜辺に立たれ、「私が受けついだ、教法を広めるのによい土地があったら、先に帰って示したまえ」と祈り、手にもった「三鈷」を、空中に投げあげました。三鈷は五色の雲にのって、日本に向って飛んで行きました。この三鈷が、高野山の御影堂《みえどう》前の松の枝に留っていたので、これを「三鈷の松」とあがめ、この時の三鈷を「飛行の三鈷」と称しています。

（『高野山真言宗　総本山金剛峯寺』ホームページ「弘法大師と高野山」より）

「三鈷」とは両端が分かれてとがっている、これも金剛杵の一種ですので、「独鈷」と同様です。本文の「独鈷」はまさしく、弘法大師の持ち物にはふさわしいでしょう。弘法大師《こうぼうだいし》は前話の「行基」同様、有名な人物でありすぎるので、簡単に紹介します。弘法大師すなわち空海《くうかい》は、

平安初期の僧。真言宗の開祖。俗姓佐伯氏。幼名真魚《まお》。諡号《しごう》弘法大師。讃岐の人。延暦二三年（八〇四）入唐して長安青龍寺の恵果《けいか》に真言密教を学ぶ。大同元年（八〇六）帰国、高野山に金剛峯寺を建立。弘仁一四年（八二三）には東寺を与えられ、これを国家鎮護の祈祷道場とした。綜芸《しゅげい》種智院を設立して子弟を教育。承和二年（八三五）真言宗年分度者三人の設置が勅許された。書にすぐれ、三筆の一人といわれる。死後、大僧正、法印大和尚位を贈られた。著に「三教指帰」「文鏡秘府論」「文筆眼心抄」「篆隷《てんれい》万象名義」「性霊集」「十住心論」「秘蔵宝鑰《ほうやく》」「即身成仏義」、書簡「風信帖」など。宝亀五～承和二年（七七四～八三五）

（『日本国語大辞典』）

とされています。何といっても、日本屈指の高僧です。

したがって、【児童文学の視点から】でも書かれているように、弘法大師にまつわる昔話はどんな僧であろうが一生かかってでも行脚できないほど全国広範囲に存在します。話は大蟹のような化け物退治から医学、土木の恩恵を残した話から、奇跡話まで多種多様で、時代設定にも平安時代初期にふさわしくない荒唐無稽なものもあります。「独鈷」や「錫杖」といったもので弘法大師が土を割ると、そこから清水や体にいい温泉が湧き出たという、本文に近い話も数知れません。

しかし、西宮において本文の弘法大師との出会いは可能性が高いといえます。それは「12　甲山とソラジン」で述べたように甲山を霊場として神呪《かんのう》寺を開いたのが弘法大師だからです。

今でも、西宮市の甲山に大師道があるように弘法大師は、足繁く西宮に通ったことでしょうから、「名塩東久保」でこのような奇跡が起きても不思議ではありませんね。

その16 生《なま》瀬《ぜ》橋《ばし》

宝塚から生瀬《なまぜ》を通って有馬の方へ行く道は、むかしから大勢の人が利用していました。その道を横切って武庫川があり、通る人は必ずこの広い川を渡らなければなりません。

武庫川は流れが速く、しかもあちらこちらに滝のような急流があり、岩に波しぶきが散るほど流れが激しく、人々は渡るのに苦労していました。

むかし、善恵上人《ぜんえしょうにん》という尊いお坊さんがおられました。京都から有馬のお寺に行こうと、生瀬の琴鳴山《ことなきやま》のふもとを通られた時のことです。旅の疲れもあり、しばらく付近の景色をながめながら休んでおられました。

そこへ、草むらから数人の怪しい人影が現れ、刀を振りかざして、

「着物も持ち物もこちらに渡せ。さもないと、命はないぞ。」

と、脅しました。

お供の宇都宮入道が相手になろうとしましたが、上人はそれを止めて、

「まあ、まあ、わけを聞こうではないか。」

と、腰をおろしたまま、まず荷物を賊にわたしました。

上人の堂々とした態度に、賊の勢いはどこへやら。上人の問いかけに、ポツリ、ポツリと身の上話を始めました。

「わしらは、戦いに敗れた平家の落武者だ。身を隠しながら、各地を流れ歩いてきた。住む家もなく、金や持ち物もなくなった。これではのたれ死ぬよりほかないので、やむなくこのようにして旅人を脅し、金品を奪って、何とか飢えをしのいでいる。……まことに恥ずかしい身の上だ。」

上人はその話を聞いて、たいそう驚き、気の毒に思いました。上人はもともと源氏の出身ですが、源氏と平家が大きな戦をして、平家が敗れてしまったのです。

「平家はこれまで強い力をもって威張ってきた。戦の結果とは言え、それが今完全に崩れて、あなたたちのように惨めな姿になっている。いつまでも良いことばかりが続くものではない。まして、悪いことをしておれば、必ず報いがあり、今よりも恐ろしいことになるだろう。心すべきことだ。」

上人が熱心に、しかも優しく語るのを聴いていた野武士たちは、自分たちのしてきたことの浅ましさを思い知らされ、涙を流して悔やみました。根っからの悪党ではありませんから、上人の言葉が心に響いたのです。深く反省し、今から心を入れ替えて、もう絶対に悪いことをしないと心に誓うのでした。

「心を入れ替えて、これからは正しい道を歩むと言うのだな。それでは、良いことを教えよう。」

武庫川を指差して、上人は言いました。

「皆も知っているように、武庫川は一雨降れば暴れ川となる。旅人は難儀をして、どうやって渡ればいいか、いつも困っているのだ。生瀬というところは、西国街道から有馬へ行くのに必ず通る所だ。ここに橋をかけたら人々はずいぶん助かって、喜ぶことだろう。渡る人々からいくらかのお金をもらえば、おまえたちも、何とか暮らしが成り立つのではないか。」

このようにして、この地には橋ができたといいます。橋の名前も「極楽橋」とつけ、長い間、渡り賃をとっていたということです。これが、生瀬橋がかけられるようになったいわれです。

解題

【児童文学の視点から】「地獄から極楽へ」

人は初めから悪者になるために生まれてくる者はいないと、私は信じている。この昔話で生瀬橋を架けた平家の残党も、悪いこととは知りつつ盗みや追いはぎを続け、堕落した生活の果てに賊と化してしまったに違いない。源氏と平家の争いが大きくなり、長引くにつれ、このように生活に困窮し、悪に手を染めて暮らした人々も少なくなかったのではないか。

善恵上人は賊の心のなかに苦渋と哀しみを読み取り、それを語らせた。暴れて悪事をはたらくようになってから、皆に怖れられ、または嘲られ、罵られてきたのだろう。しかし善恵上人は、彼らの思いを聴こうと心を開いてくれたのだ。屈辱や孤独に固まった賊の心がどんなにあたたまったかは、想像に難くない。

善恵上人が自分たちの心の内に耳を傾けてくれ、教え諭す言葉に、凍っていた心がとけたのである。彼らは人間らしい心を取り戻した。「正しい道を歩むと約束するならば」と、善恵上人は、生瀬の地に橋をかけることを提案する。賊は堕落した心と生活を打ち破り、真正直に働き、労働の代償として渡り賃を取って生計を立てた。

生瀬橋は「極楽橋」と呼ばれたという。賊の荒みきった孤独な心を、地獄から極楽へ導いたのは、善恵上人のあたたかく大きな心だったのだろう。人の心は地獄から極楽まで歩むことのできる、大いなる可能性を秘めたものである。

【文学の生成の視点から】

善恵上人も宇都宮入道も実在の人物かどうか不明です。

しかし、『日本歴史地名大系』「なまぜしゅく【生瀬宿】」の項によれば、すでに鎌倉時代初期に浄土宗西山派の証空によって武庫川に橋が架けられ、南北朝期には三六戸の棟別銭が課されている（応安元年四月八日「金堂供養棟別銭注文」多田神社文書）

とあります。時代的にも橋を架けた功績からも証空上人の可能性がありますね。

証空（一一七七〜一二四七）鎌倉時代の僧。治承《じしょう》元年生まれ。源親季《ちかすえ》の子。源通親《みちちか》の養子。浄土宗西山派の祖。法然《ほうねん》に師事し、その死後、慈円《じえん》からゆずられた西山善峰寺の往生院で善導の教えを講説。歓喜心院、浄橋寺などを創建した。宝治《ほうじ》元年死去。京都出身。号は解脱《げだつ》房、善慧《ぜんね》房。諡号《しごう》は鑑智国師。著作に「観経要義釈観門義鈔」（「観門要義鈔」）など。

（「『日本人名大辞典』（講談社）より」）

とありますから、「善慧房」が「善恵上人」とされたのかも知れません。

ただ、源通親は京都に住んでいた和歌・文章にもすぐれた歴史上有名な貴族の源氏ですから、「源氏の出身」は正しいですが、武将の家柄ではありません。源平の合戦（一一八〇〜一一八五）の時も証空上人はまだ元服もしてなかったでしょう。落武者たちは、かなり長い間、流浪生活を続けていたことになります。

平家の落人村が各地にあったことは知られています。「かずら橋」で有名な四国徳島の祖谷山《いややま》村周辺が平家落人の村であったことは聞いたことがあると思います。

これは本当にあった話かも知れませんね。昔は、橋を架ける技術を持った人が少なかったので、前々話の「鯉塚」の行基菩薩のように、高徳の僧は土木技術を学んでいて、それを民衆のために役立てるために全国行脚していました。証空上人ほどの人ならば、「生瀬橋」を架けることは簡単だったでしょう。

「渡る人々からいくらかのお金をもらえ、おまえたちも、何とか暮らしが成り立つのではないか」とありますが、何か橋を渡るだけでお金を取るなんて、山賊と変わらないのではないかと思うかも知れません。しかし、昔は橋を架けた者などが、橋を渡る時の通行料金をとることは合法化されており、「橋銭（はしせん・はしぜに）」、「橋税」などと呼ばれます。現在でも本四架橋など通行税が課せられることが多いですね。

はじめに落武者たちが善恵上人を脅そうとしたときに、「お供の宇都宮入道が相手になろうとした」とありますが、栃木県の宇都宮氏と関係があるのかも知れません。『太平記』に楠木正成の千早・赤阪城を攻める武将として宇都宮某が出てきます。もしかすると『平家物語』などで伝える一ノ谷の合戦で活躍した熊谷直実のように出家した実在の武将がいたのかもしれません。でもそれよりも、「宇都宮」という関東を意識させることで、源氏の武蔵七党のような関東武士団の凄腕の一人が出家姿で常に身辺警護をしていたという設定を想像させ、源氏出身の善恵上人のただならぬ身分の高さを表現したのかも知れません。いずれにせよ、きっちりとした話として生成され、長きにわたり正確に語り継がれてきた話ではないでしょうか。

その17 鳴尾の一本松

むかし、鳴尾の浜に大きな「一本松」がありました。

甲子園球場のあたりが、まだ波打ち際だったころの話です。鳴尾の浜は、白い砂浜がどこまでも続き、緑の松が生い茂る、たいそう美しい海岸でした。今の八幡神社の西南あたりに、それは大きな一本の松が立っていました。人々は、「鳴尾の一本松」とか、そのまま「一本松」と読んで親しんでおりました。

朝日が昇ると、「一本松」の影は、須磨の一ノ谷まで伸びました。夕日が沈むころには、京都の天王山や奈良の手前のくらがり峠まで、その影がとどいたと言われています。

これほど大きく、天高くそびえる「一本松」ですから、よほど遠くからでも見ることができました。旅をする人は、この「一本松」を目印にしていました。京都の貴族をはじめ、たくさんの人々の歌に詠まれるほど、たいへん有名な松でした。

「一本松」を一番大事に思っていたのは、海へ漁に出る人たちでした。どんなに沖に出ても「一本

松」さえ確かめることができれば安心です。帰る時には「一本松」を目指して櫓をこぎます。漁師たちにとって「一本松」は、自分たちの働く姿を一日中見守ってくれる神さまのようなものでした。

朝早くから漁に出て行く漁師たちは、だんだん小さくなっていく「一本松」に向かって手を合わせ、

「どうぞ、今日一日、無事に帰って来られますように。魚がたくさんとれますように。」

と、祈りました。

また、一日の仕事を終えて岸へ向かいながら、だんだん大きく見えてくる「一本松」に、

「今日も一日守ってくださり、ありがとうございました。元気に帰って来られました。魚もたくさんとれました。」

と、一日の無事と大漁を心から感謝しました。

この「一本松」は、「霞の松」とも言われました。「一本松」の下に立って見上げても、霞にかくれて頂上が見えないからだとも、また、沖をゆく船が霞や霧にまわりを閉ざされて方向を見失ったとき、霞や霧の上に突き出した「一本松」を見つけて助かったからだとも言われています。

このように、その大きさで人々をおどろかせ、人々を助け、人々から長いあいだ親しまれてきた「一本松」でしたが、千年以上もの樹齢を重ね、いつしか枯れてしまいました。その後、この「一本松」を慕う人々によって二代目の「一本松」が植えられ、その後三代目、四代目と植えつがれ、今では五代目が「一本松公園」に植えられています。まだ若木ですが、初代の「一本松」のように天高くそびえ立ってほしいという多くの人々の願いが込められています。

解題

【児童文学の視点から】「一本松」

その一本松は、どのくらい大きな木だったのだろうか。鳴尾に生えているのに、朝は須磨の一の谷まで、夕刻には京都の天王山、奈良の手前のくらがり峠まで陰が伸びたほどの松だという。天にも届かんばかりの一本松は、海に出る人々、または山に出掛ける人々の道標、見守りとなっていた。

交通手段が各種そろっている現在とは全く異なり、海に出るとき、また山に入るとき、大いなる自然を相手には不安な気持ちで出掛けていったはずである。どんなに遠くからでも、どんなに迷っても見つけられる一本松、それは心の灯火、道標《みちしるべ》であったはずである。

子どもにとっての鳴尾の一本松は、家族であり、特に父親、母親という見守る大人の存在である。心の基地というか、道標を持っている子どもほど、大きな冒険に船出することができるという。どっしりと構え、迷ったときに探し当てる道標は、特に思春期の子どもたちにも必要不可欠である。いつもいつも、側にいて細々ごちゃごちゃと口を出し、必要以上に手を出すのではなく、子どもがどこに舟を着けたら良いか、どの道を登ったらいいか迷ったとき、見出せる道標に……私たち大人はなりたいものである。

また私たち大人でさえ、暗がりのなかで迷うのは不安で恐ろしくて仕方がない。人生の岐路に佇むとき、絶望の淵で思い悩むとき、心の中に一本松を持つ人は幸いと言えるだろう。あなたの心の中に、一本松は見えるだろうか?

【文学の生成の視点から】

全国の地名に一本松という名称はとても多いのではないでしょうか。広葉樹林の平均寿命について知識がありませんが、樹齢二百年を超える楠木の大木などは多いのではないでしょうか。楠木の大木と「速鳥」という船についての話は第三話であげましたが、楠木は大きな根をはり、ほとんど倒れることがないことから、江戸時代は倒れることのない、しっかりとした身代を持つ大金持ちを「楠木分限」と言って、人々がその成功を讃えました。

ちなみに楠木は兵庫県のシンボルであり、西宮市のシンボルですね。

松の木にもいろいろありますが、まっすぐ伸びる松の木はタワー的機能がありますね。東京タワーやエッフェル塔のように、都市のシンボルになる場合もありますし、旅人の目印となって役立つ場合もあります。

「寄らば大樹の陰」ということわざがありますが、松の木の大木は常緑樹ですので、一年を通じて使用できます。昔の旅人は雨宿り、暑い日差しを避けて涼む場所、野宿の際の寝所などに使いました。暮らしと共にあったのです。徳川家康も幕府を開くやいなや、五街道を整備し、街道には一里塚を作り、４kmおきに松の木を植え、その下に芝を設け、旅人のための休憩所を造りました。まるで今のサービスエリアの感覚ですね。

海からも目印になったといいますが、それが大切です。甲山や甑岩神社なども海からの目印でしたが、夜は神社仏閣は常夜灯を灯して燈台の代わりをはたしていました。

一本松は昼間の海路のチャートになります。ベテランの船乗りなら、ここから一本松の大きさが２cmほどに見えるから、沖合何kmにいるといった距離に換算され、浅瀬や潮の流れをよみます。地元だけでなく、船を操る人にはなくてはならない木であったでしょう。

いかに大木であったかは「速鳥」の描写に似ています。先年、鶴岡八幡宮の大銀杏が倒れましたか、木にも寿命があります。それが何代も続いたということが素晴らしいですね。

その18

白滝姫《しらたきひめ》の涙水

遠いむかしのことでした。

六甲山の北側のふもとに山田という里がありました。そこに真勝という若者がおりました。

「このままこんな田舎にいては、何の楽しみもない。都に出て、何か新しい仕事がしたいものだ。」

こう思って都へ出た真勝は、幸いにも、天皇に仕える仕事を得ることができました。

そんなある日のことでした。真勝が庭の掃除をしていると、その日に限って、御殿の簾が巻き上げられていました。

「今日はどうしたのだろう。何かお祝いごとでもあるのだろうか。」

近づいて、中をそっとのぞいてみました。

するとそこには、この世のものとは思えぬような輝くほどに美しい姫様が座っておられるではありませんか。薄衣《うすぎぬ》をまとった肌は透きとおるように白く、もの思いに沈んだ瞳は底深い湖水の色をたたえていました。

その姫様の名は、白滝姫《しらたきひめ》といいました。ある大臣の娘で、美しさのあまり、都の若者たちの噂の的になるほどでした。真勝は白滝姫にすっかり心を奪われてしまいました。

「あのように美しいお姫様を妻にできたら、それ以上の幸せはあるまい。何とかして妻にすることはできないだろうか。」

真勝の胸の中は、姫のことでいっぱいになり、その胸は張り裂けんばかりになりました。そこで「朝な夕な、あなたのことを一時も忘れることができません。あなたへの想いを募らせています。」という恋文を送りました。

しかし、姫の心をとらえることはできませんでした。

恋文を送り続けて、春が過ぎ、夏になりました。秋が訪れ、冬を迎え、また春が巡ってきました。とうとう、恋文は千通を超えてしまいました。それでも姫は、まっ黒な顔をした庭掃きの若者を、かえりみようともしませんでした。

「そうだ、歌合わせだ。歌合わせに勝てば、姫も認めてくれるだろう。」

そのころ、御所では「歌合わせ」といって歌の詠みくらべをして勝ち負けを決める遊びがありました。真勝は、さっそく、天皇に姫様との歌合わせをお願いしました。千通もの恋文を送ったという真勝をあわれに思った天皇は、姫との歌合わせを許しました。

いよいよ歌合わせの日がやってきました。

真勝は、姫を恋している胸のうちを、切々と歌に詠みました。

水無月の稲葉の露もこがるるに

雲井をおちぬ白滝の糸

（六月の稲田《いなだ》では、稲の葉にやどる露の水さえ待ちのぞまれているのに、どうして空からは、白滝のような雨が降ってこないのだろう。私の心も渇いた稲田と同じです。心からお姫様を待っているのです。）

姫も、真勝に返歌を詠みました。

雲井からついにはおつる白滝を

さのみな恋そ山田《やまだ》男《おとこ》よ

（待っていればいつかは空から白滝のように雨が落ちてくるでしょう。そんなに恋しく思わないことです。田舎者さん。）

二人の歌を聞いた天皇は、真勝の美しい歌と真剣な気持ちに心を打たれました。そして、つれないそぶりの姫に言い聞かせました。

「姫よ、そなたは真勝を田舎者と思って嫌っているようだが、真勝はすばらしい歌を詠むことができる男ではないか。人は見た目ではない。そなたに千通もの恋文を送り、恋慕ってくれる男に嫁ぐほど幸せなことはあるまい。そなたは真勝の嫁になるのがよかろう。」

いくらお姫様でも、天皇の命令に背くことは出来ません。姫は真勝に嫁ぎ、都をあとに山田という地へ向かうことになりました。

西国街道から、生瀬を経て有馬街道に入り、荒れ果てた河原を、とび石づたいに上っていきました。都を離れてからいく日も過ぎていました。ようやく二人は、船坂を越えるあたりまでやってきました。

真勝に手を引かれて支えられ、やっとここまで来た姫でしたが、疲れ果ててしまい、とうとうその場に座り込んでしまいました。生まれて初めての長旅が相当こたえたのでしょう。もう一歩もあるく体力も気力もありませんでした。

そこで真勝は姫を背負って歩きました。背負われた姫には、妻を思い遣る夫の優しい心が、背中からひしひしと伝わってきます。夫の背中に顔をあてて、姫は泣きました。姫がひどく泣く様子に驚いた真勝は、姫をそっと降ろして、道ばたのやわらかい草の上に横たえてやりました。

「たとえ命令とはいえ、父や母に別れてこのような山奥で苦しむ自分がかわいそうです。けれども、都を出て何日も過ぎた今、あなたの優しさがよくわかりました。あなたの優しさを知って、心が苦しいのです。」

姫はそう言うと、その場に泣き伏し、さめざめと涙を流すのでした。

すると、ふしぎにも、土に落ちた姫の涙は泉となってあふれ、川となって流れだしていきました。

この川は、その後も絶えることなく、清い流れは、旅人たちの渇いた喉をうるおし喜ばれました。人々は、この川を「白水川《しらみずがわ》」と呼びました。

解題

【児童文学の視点から】「美しい心」

田舎者の真勝が都に出て、身分の違う美しい姫君に恋をする物語である。無粋な真勝であったが、心を込めて千通の恋文を送る。また歌合せの機会を得て、ひたむきな恋心を歌に託して送るが、姫君はまったく取り合わず、かえって田舎者扱いする始末。しかし姫君の父親である時の帝が、真勝の歌に心を打たれて、娘を彼に嫁がせてしまう。なぜ、こんな冴えない田舎者に嫁がされなければならないのかと姫君は自分の身の上を嘆き悲しむが、二人で旅を続けるうちに真勝の優しい心を知り、無礼を詫び、感謝するようになる。その心の動きがドラマティックである。真勝の真心に触れた姫君が流す涙が、清らかな白水川になるという結末で、川の名前の由来を物語る昔話である。

細かいところはもちろん異なるのだが、この昔話はグリム童話の「つぐみひげの王様」に似ている。主人公のお姫様は美しいのだが心は高慢で醜く、求婚者たちに無礼の限りを尽くす。見かねた父親が、城に物乞いに来た男に嫁がせるのである。豪奢な生活を離れ、乞食の家で貧しくみすぼらしい生活をするうちに、彼女は人としての真心とたしなみを身につけていく。お姫様の夫である乞食は、実は以前に求婚した身分の高い王子だったという結末である。

ふたつの物語に共通するテーマは、「本当の美しさとは何か」ということであろう。男性女性に限らず、人は皆、年老いていく。体力、気力ともに衰退し、外見の美しさは見る影もなく失われるのだ。そのときに、いったいどのように生きていくことができるのか。これらの物語は、本質的な問いを投げかけている。

『つぐみのひげの王さま』（絵本）グリム著、フェリックス・ホフマン絵、大塚勇三訳　ペンギン社（一九七八）
『文庫版　グリムの昔話１・２・３』フェリクス・ホフマン編・画、大塚勇三訳　福音館書店（二〇〇二）

【文学の生成の視点から】

ここでいう「山田」とは摂津国山田庄です。現在の神戸市北区山田ですので、神戸市にもこの昔話は残っています。『西宮市教育委員会ホームページ』「語り部ノート西宮」によると、この話は

遠い奈良の昔、摂津《せっつ》の国丹生《くにたんしょう》山田の里（現兵庫区山田町）に真勝《さねかつ》という若者がおり、時の帝《みかど》、淳仁天皇《じゅんにんてんのう》に仕えて厚い信頼を得ていました。ところが右大臣の娘、白滝姫を見染めてからは、恋文を送り続け、その数が千束にもなりました。

これを知った帝は真勝を哀れに思い、右大臣を説いて真勝に身分を越えて姫を娶らせる（めとらせる）ことにしました。姫は

雲井から　ついにおつる白滝を　さのみ恋ぞ　山田男よ

と詠《うた》い、一旦は承諾しました。

ところが姫は夫と共に丹生山田の里に向かうべく、白水峡《はくすいきょう》まで来られた時、突然「たとえ勅命《ちょくめい》とはいえ、こんな山奥まできた我が身が悲しい」とさめざめと泣きました。すると不思議、その涙は川となって流れ出しました。人々は姫の名をとりその川を、白水川《はくすいがわ》と呼ぶようになりました。

となっています。淳仁天皇の在位は七五八〜七六四年のことです。都は平城京ですから、姫が歩いた距離も長いでしょうし、姫にとって想像もつかない場所だったことでしょう。

もっとも、本文を奈良時代の話だとしてしまうと大きな矛盾点が出てきます。真勝は姫に「歌合わせ」で勝ったことになっていますが、「歌合わせ」は平安初期以来宮廷や貴族の間で流行したものです。この頃はまだ『万葉集』の時代です。

また、身分の違いという点では、本文では庭掃除をしていたとあります。希望して宮中の庭掃除にしてもらえたのか不明です。真勝とされる人が山田庄の荘園主であったとすれば、もう少し違う役職になったでしょうが、それにしても大臣の娘といくら千通の恋文を送ったとしてもまったく無理な縁組みでしょう。

しかし、御伽草子『ものぐさ太郎』は平安時代の話としますが、身分違いの恋が成就する話です。しかも、本文と同様、歌の出来が決め手となります。ただ、姫のように説得されて結ばれるのではなく、ものぐさ太郎の方が姫に愛され結婚します。ところが、その後、ものぐさ太郎が天皇家につながる家系であったことが判明し、国守となるというハッピーエンドとなっています。少し、立場が違いますね。

次の話のような身分の低い女性と高い身分の男性との恋物語は、たくさんありますが、身分の低い男性と身分の高い女性との恋が成就した昔話はあまり多くありません。それは、昔の女性が身分が高くなればなるほど、家長の指示に従わなくてはならず、恋するままには、結婚が選べなかったからだといえます。むしろ、『ものぐさ太郎』が特殊です。

ところが、『西鶴諸国ばなし』巻四の二「忍び扇の長歌」はその常識を覆す話です。

上野の桜を見に行った帰りのある大名駕籠の中に、とても美人の姫がいました。その姫に一目惚れした身分の低い風采のあがらない小姓がいました。男は、その姫の家に奉公先まで変えて住み込むようになります。男は姫の行き先に同行し、いつも駕籠の中の姫を見つめているうちに、縁は不思議なもの、姫の方でも男のことが好きになります。ついに姫は男の住む長屋に扇を投げ入れ、自分を連れて逃げてくれるように頼みます。二人は、うまく屋敷を立ち退きますが、生活方法がなく、貧乏な暮らしが続きます。やがて、屋敷の探索が及び、二人は捕らえられ、すぐさま男は処刑されます。姫も自害を迫られますが固辞し、「好きな男と添い遂げて何が悪いことがあろうか」と大殿に逆らい、男の菩提を弔うために出家してしまいます。

これも封建的な江戸時代の話としては異色な展開で驚かされます。

いつの時代も人々は、身分を越えた男女の恋が成就して欲しいという思いも込めて、本文のような恋物語を伝えたのでしょうね。

その19　琴《こと》鳴《なき》山《やま》

むかし、京の都に琴の名手として有名な一人の娘がおりました。身分は高くありませんでしたが、顔かたちも美しく心のやさしい娘は、都の若者たちの憧れの的でした。

いつのころからか、娘は位の高い貴族の若者を好きになり、結婚の約束を交わしました。まわりの人たちからは祝福されたのですが、彼の両親だけは二人の結婚を許しませんでした。若者には親の決めた許婚《いいなずけ》の姫君がいたのです。

しかたなく、娘と若者は手を取り合って都を抜け出しました。若者の乳母の里である九州の地をめざし、旅に出たのでした。若者は横笛を懐に入れ、娘は琴を抱いておりました。

途中、有馬の宿に立ち寄り、二人はしばらく幸せな日々を過ごしました。娘が琴をひけば、若者はそれに合わせて横笛を奏でます。まるで夢のように美しい音色でした。

やがて、二人の間には玉のようなかわいい赤ん坊も生まれました。

ところがある日、若者は重い病気にかかってしまいました。妻は一睡もせず昼も夜も介抱し、神仏に祈りましたが、その甲斐なく、若者はとうとうこの世を去ってしまいました。

妻は嘆き悲しみましたが、どうすることもできません。両親のいる京の都へ戻ることにしました。愛しい夫の遺骨を胸に抱き、赤ん坊を背負い、寂しく宿を出ました。

秋の半ばを過ぎて、有馬街道は紅葉に美しく彩られていましたが、心細さが募るばかりです。険しい山道の続く蓬莱峡《ほうらいきょう》をやっと過ぎたころ、とつぜん背中の赤ん坊が火のついたように泣き出しました。すぐに降ろしてお乳をふくませましたが、飲もうとしません。泣き続けるばかりです。どうしていいか分からず途方に暮れて、泣き叫ぶ赤ん坊を背負い、助けを求めて村里に向かって走りました。背

中で揺られていた赤ん坊の泣き声がしだいに弱くなったかと思うと、そのうち全く聞こえなくなりました。おかしいと思い背中から降ろしてみると、すでに赤ん坊は息絶えていたのでした。

妻はしばらくの間、赤ん坊を腕に抱いたまま、ただ立ちつくしていました。

やがて、よろよろと歩み出し、小高い丘に登ると、穴を掘り、夫の遺骨と赤ん坊をならべて葬りました。

愛しい者を全て失った悲しみに打ちひしがれ、またしばらくその場に呆然としていました。やがて、愛用の琴を爪弾きはじめました。あまりに寂しく、悲しい琴の音色でした。

「ご両親さま、私は今から夫と子どものもとへ参ります。先立つ不幸をお許しください。」

遠い京の都に向かって、いつまでも手を合わせていましたが、秋の日は釣瓶落としのごとく暮れていきます。ふらふらと立ち上がると、深い木立の奥へと分け入って見えなくなりました。

それからというもの、このあたりでは夜になると、谷間からは赤ん坊の泣き声が聞こえ、山の方からはもの悲しい琴の音が聞こえるようになったということです。

人々はかわいそうな若い夫婦と赤ん坊を偲び、この山を「琴鳴山《ことなきやま》」と呼ぶようになったそうです。

解題

【児童文学の視点から】「命をかけて」

あまりにも悲しく嘆かわしい物語である。若い男女が親に反対されながら駆け落ちし、片田舎でつつましく暮らしはじめる。夫婦の唯一の慰めは、音を奏でること。妻は琴をつまびき、夫は笛を吹く。故郷を捨て、家族を裏切り、それでも愛を貫く二人はやがて愛らしい子どもを授かる。しかし幸せは長くは続かない。夫は若くして病に倒れ、亡くなってしまう。妻は子どもを養うために、山を越えて、故郷に帰ろうとする。しかし歩いているうちに背負った子どもが激しく泣き出し、ついには息絶えてしまう。妻は山中で二人を葬り、弔いの琴を弾く。そして自分も山奥に消えていくという物語である。あまりにも悲惨で、辛すぎる結末である。

恋をして結ばれてということが自由にできる現代では、考えられないシチュエーションであろうが、親の決めた許婚と一緒になることが当然であった時代には、恋の果てには死が待ち受けていた。自由な恋愛とは何だろうか。これほど大きな犠牲を払ってでも、人は人を愛し、ともに生きることを覚悟するのか……現代は真の意味の自由？　恋愛？　が成り立っているだろうか。

【文学の生成の視点から】

前話に続き、身分違いの恋ですが、身分の低い真勝のたくましさと違い、身分の高い公達である若君はあまりに華奢《きゃしゃ》でした。そこに悲劇があったといえるでしょう。若君と娘がそれぞれ笛と琴を持っての道行きとなったのは風流でしたが、慣れない長旅にまず、若君の体が持たなかったのでしょう。次に赤ん坊も病気で失い、ついには娘も自ら命を絶つという悲劇となっています。

「琴鳴山」は谷間から聞こえる赤ん坊の声と娘の琴の音から、名づけられたというのですから地名の起源話といえるでしょう。でも、幸せになるはずの娘を主人公に見れば、無念の恨みによる魂の彷徨ともいえると思います。そうなると怪奇話ですね。

封建的な物の見方をすれば、本来、親の意志に逆らったところで親不孝です。天罰が降りた話とも言えるかも知れません。

似た話が西鶴の『懐硯』巻四の二「人真似は猿の行水」です。

太宰府の裕福な商人の娘お蘭は美女で有名でしたが、隣町の葉森次郎右衛門はとても恋しく思っていました。いつの間にか二人は愛し合い、結婚するにも家の格としては双方に問題ありませんでした。ところが、両家の宗教上の問題から破談になり、たまらず、二人は駆け落ちします。お蘭にはかわいがっていた猿がいましたが、二人の後をおってきます。山村での貧しい二人と猿との生活が始まりますが、猿は一所懸命仕えます。やがて二人に子ができますが、ある日二人が忙しくしているときに、猿は役に立とうと赤ん坊を行水させますが、お蘭の真似をしたつもりで熱湯を赤ん坊にかけ、死なせてしまいます。お蘭は猿を殺そうとしますが、夫に止められてしまいます。猿は悲しみながら、赤ん坊の墓を毎日参り、百日目の朝、竹槍で喉笛を突いて死んでしまいます。二人は猿の心底に感じ入り、猿塚を築き、揃って出家をして、跡を弔いました。

いかにも悲劇ですが、世間知らずの二人が親に逆らって愛を貫いた報いともいえる話となっているところが、原文と通じるところです。

近松門左衛門の心中物も二人が愛し合うことを選んだ結果の悲劇と言えますが、本文のような悲しい話は、せめて成仏させてやりたくなる話ですね。

その20
ムカデのおつかい

むかし、山口の名来《ならい》という村に、働き者で信心深い籠六《かごろく》という男がいました。朝早くから夜おそくまで懸命に仕事をする男で、その甲斐あって、田畑にはいつも米や野菜が稔り、豊かで恵まれた暮らしをしていました。

ところが、いつのころからか、籠六の心に欲深い考えが芽生えるようになりました。おいしいものを食べ、きれいな着物を着て、楽しくおかしく遊んで暮らしてみたいと思う心は、誰にでもあるものです。

「こんなところで毎日汗水流して働くよりも、大阪に出て米相場をやってみよう。聞くところによると、相場で大もうけをして御殿を建てた成金がおるそうじゃ。」

もはや一時もじっとしておれず、家中のありったけのお金を懐にして、大阪へと飛び出して行きました。欲に憑かれた籠六は、長い間働いて少しずつ蓄えた金を、惜しげもなく米相場に使ったのでした。

日ごろから賭博には手を出したことのない籠六です。とうとうすってんてんの無一物になり、すごすごと村へ帰ってきました。

それからというもの、籠六は浴びるほど大酒を飲んでは、昼間からごろごろ寝てばかりいるようになりました。ただ一つ変わらないことといえば、神様を祀って、朝夕、神棚にお灯明をあげていることだけでした。

さて、ある晩のことでした。酔いつぶれて眠りこんでしまった籠六の枕元に、日ごろ拝んでいる神様がお立ちになり、

「これ籠六よ。おまえのように酒ばかり飲んでいては、家の者が困るではないか……。このままでは酒を飲むどころか、飯も食べられなくなるぞ。今までは真面目に働いてきたし、今でも信心深いところをみると、おまえにもまだ人間としての良いところは残っているらしい。おまえがもとのような人間になれるよう、一度だけ良いことを教えてやるとしよう。」

とおっしゃいました。

「よいか、わたしの使いとしてムカデを遣わそう。そのムカデの頭の動きをよく見て、相場を買うがよい。ムカデが頭を持ち上げた時は相場が上がる、そして頭を下げると相場も下るのじゃ。」

翌朝、目をさました籠六は、壁にはりついているムカデを見付けて、夢にあらわれた神様の話が本当だったのを知りました。

籠六は、妻に夕べ見た夢の一部始終を話しました。そして金に換えるものはないかと、家中を探し回りました。

「もう金目のものは何もありゃしない！　あんたがみんな使ってしまっただろうに……。」

妻はあきらめ顔です。それでも籠六は、

「蔵の中に、まだ何かご先祖さまの残されたものがあるだろう。」

と、必死です。

蔵でやっと探し出したものは、古びた三つ重ねの重箱でした。埃を払い、丁寧に磨くと、貝や金銀の装飾のほどこされた、値打ちのありそうなものです。

重箱を売りはらって、わずかながらも元手にするお金のできた籠六は、いそいそと旅の支度をすませると、ムカデに手をついてたずねました。

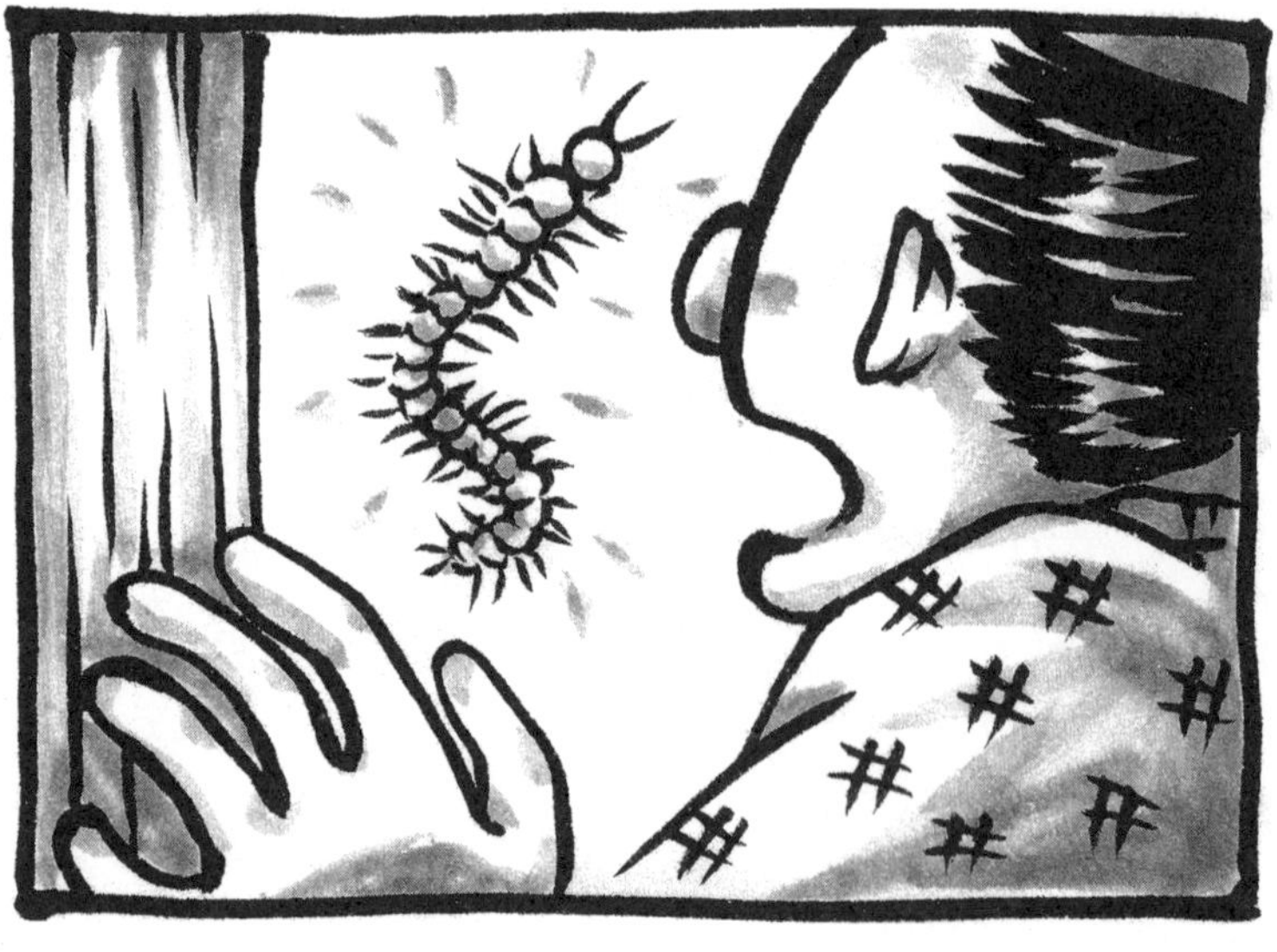

「おらあ、これから大阪へ行って米相場を買う。上がるか下がるか、どうか教えてくだされ。」

壁にはりついていたムカデは、ぞろぞろと畳の上に這い降りると、頭をもたげてしきりに伸びあがりました。

わずかな元手で買った相場は、上がる一方で天井知らずでした。ムカデの頭が下がったところで売りに走り、また上がると買いに走るのでした。

こうして、またたくうちに大金をもうけた籠六は、千両箱を馬に積み上げ、めでたく村へと帰ってきました。

それからというもの、籠六は二度と相場を買うことなく、以前のように汗水流して真面目に働くようになりました。ムカデも二度と籠六の前に姿を現さなかったということです。

解題

【児童文学の視点から】「運をまかせて」

動物に運を任せて、賭けを行う。ある意味では、一番上手い方法かもしれない。相手が動物であるがゆえに、罪がないし、もの言わぬ気軽さもあるだろう。この昔話の主人公は籠六、「汗水たらして仕事なんかしていられない、米相場でひとつ儲けてやろう」という欲深い、誠にふとどきな男ではある。以前は真面目に働いていたのだが、欲に取りつかれてしまい、相場をやりだしてから真面目に働くのがばかばかしくなって、何もかも使い果たしてしまった。しかし毎日、朝夕、神棚にお灯明をあげ、手を合わせているからということで、この男の夢枕に神様が立つ。神様がいうには、その信心深さを見込んで、立ち直るチャンスをやるというのである。ムカデの動きを読んで、賭けに臨めば、面白いほど当たるのである。

神様お墨付きのムカデなのだから、負けるはずがない。面白いほどに儲けて、千両箱を馬に積み上げ帰宅する。ここで面白いのは、普通ならば味を占めて賭け事から足を洗えなくなるというのが常だが、籠六はスッキリ賭け事をやめ、以前のように汗水たらして精一杯働くという道を選ぶのだった。神様の「おまえがもとのような人間になれるよう、一度だけ良いことを教えてやろう」という言葉どおりに、まっとうな人間に戻るのである。

【文学の生成の視点から】

米相場に手を出して大儲けする話は『西鶴織留』巻一の一「津の国のかくれ里」です。これは伊丹の鴻池善右衛門の成功話です。地道に造り酒屋を営む父に対して、遊蕩三昧の息子善右衛門。そんな善右衛門が京都の嶋原で遊んでいると、隣室の人が「関東方面に台風被害が出て、米の相場が上がりそうだから、明日、大阪の米を買い占めれば大金持ちだ」と言っているのが聞こえてきます。その話を聞いた善右衛門は、明日を待たず、早駕籠や特別便の船で大阪に着き、午前中に米を買い占めたところ、午後からどんどん米相場が上がり、大儲けしたという話です。ところが善右衛門も米相場ばかりに執着せず、次は油、運送業、金融業と仕事を広げ、大金持ちになっていきます。事実、鴻池家は江戸時代を通じ、商社、金融業として全国に展開し、日本一の大金持ちになります。

善右衛門も本文の男も、どこか怠惰で、彼らが成功する米相場というものに博打的なものを感じ、許せない人もいるかも知れません。米相場は博打とは違う物ですが、投機的なものですから、株屋同様、勝負師が多かったのは事実です。今はありません。

しかし、実際の米相場はとても博打屋などでは動かせません。米相場にかかわる米商人たちは、すごい情報収集力でした。『西鶴織留』でも江戸の手代からの手紙による情報としています。おそらく京都本店へ江戸支店から早飛脚で情報が寄せられたのでしょう。江戸時代の速達で、これは京都~江戸まで歩いて十四日ほどの所要時間を三日ほどで走ります。ところが一通十万円にもなる配達料ですから、江戸時代の米商人が、いかに米に関する早い情報にお金をかけていたかがわかります。中には、手旗信号で知らせるシステムを持っている商人もあり、米相場の情報合戦の一端がわかります。

本文の場合、古い重箱を売り払った程度のお金が元手です。仮に二十万円手に入ったとしてもせいぜい米五俵ぐらいにしかなりませんから、もっと家財を整理したのでしょう。

失敗すれば、一家あげて夜逃げしかないですね。

伊丹の鴻池善右衛門さんほどではないですが、名来村の籠六さんと名前が残っているのですから、米相場で成功したことも、その後も事実なのでしょう。

ムカデは本来、白髭神社の使いですが、霊力の強い生き物ですので、神の使いとしてふさわしいでしょう。

名来村には公智神社《くちじんじゃ》（又はこうちじんじゃ）がありますが、須佐之男命《すさのおのみこと》を祀っています。娘・須勢理毘売《すせりひめ》の恋人大国主命をムカデの部屋に泊めたりしますから、この神社と何か、関係があるのかもしれませんね。

悪いことをしていても最後のチャンスを与えるのは、芥川龍之介『蜘蛛の糸』。でも犍陀多《かんだた》と籠六を同じにするのは気の毒ですね。

その21 六石《ろっこく》の渡し

甲子園球場を地図で見ると、球場の東側を弓のように曲がった道路が走っています。この道路は、枝川のあとです。今から四百数十年前、戦国時代に大洪水があり、武庫川の堤が切れました。その時にできたのが枝川ですが、大正時代になって武庫川の堤はしめきられ、枝川はなくなりました。

枝川のあとは、今では美しい道路に変わり、両側には家々が立ち並んでいますが、手入れされた庭の木々の間に、大きな年老いた松の木が、当時の枝川の堤を思い出させるように立っています。家並みがとぎれたあたりに、数本の松の木が残っています。また阪神電車甲子園駅の南側には、堤の松林がほとんどそのままの姿で見られる所もあります。

今の旧国道はむかしは中国街道とよばれ、枝川をこえる所に「六石の渡し」がありました。

中国街道は、西宮のあたりでは、海岸の砂浜にそって自然にできた堤防の上の道でした。道の両側には、沼地や松原や砂浜が広がっているばかりで、うら寂しい所でした。ところが、尼崎にお城ができてからは、大阪と西国を結ぶ道として、侍をはじめ、えびす参りの人たちや多くの商人・旅人が通るようになり、人通りは急に増えていったそうです。

六石の渡しは枝川に杭を打ちこみ、その杭の上に板を渡した簡易な橋でした。雨が降り続き、川の水が増してくると、橋の板が流されるので、板は引き上げられ、船渡しになりました。

船渡しになると、はじめのうちは船頭一人の一本櫂ですが、水かさが増してくると、二人の二本櫂、三人の三本櫂というように、船頭と櫂を増やしていきました。三本櫂でも船渡しができなくなると、川止めになりました。

渡しの東側に、今も「四軒茶屋《しけんじゃや》」の地名が残っているように、渡しの両岸には何軒かの茶店がありました。

中国街道を通る商人や旅人が増えてきますと、茶店に立ち寄り休んでいく客の数も多くなってきたのです。

茶店では、いつのころからか、餅を売るようになったといいます。この餅はとても評判が大変良く、中国街道を行き来する人々は、渡しの茶店に必ず寄って餅を食べ、土産に持って帰るほどでした。

「はーい、餅を二皿。」

「はーい、三皿。」

「わしも、二皿。」

「みやげ餅をふたつ。」

どこの茶店も、餅を注文する客の声で賑わい、おもしろいように売れました。渡しの茶店では、毎日、六石もの餅をついたと言われています。

六石の餅は、数千人分にあたります。よほど美味しい餅だったのでしょう。

このように、この渡しが一日に六石もの餅を売った渡しだったということから「六石の渡し」と呼ばれるようになったのでした。この渡しのあった辺りは、今では「甲子園六石町《こうしえんろっこくちょう》」としてその名が残っています。

解題

【児童文学の視点から】「旅の途中で」

「石《こく》」は体積の単位、米穀をはかるのに用いられた。一石は一〇斗、つまり約一八〇リットルである。ということは、六石は約一〇八〇リットルであり、この渡しで、一日に途方もなく大量の餅が売れたということだ。どのくらいの量になるのか、見当もつかないほどである。

つきたての餅は、さぞ美味しかったに違いない。旅人は名物の餅とあたたかい茶で腹を満たし、見知らぬ人と語り合う。長旅の疲れを癒し、人はまた旅路を急ぐ。その旅人たちの心と身体の癒しの場所が、茶屋だったのだろう。どんな人々が集っていたのだろう。どんな会話を楽しんでいたのか。どこに向かって旅を続けたのだろう。さまざまな疑問や興味が去来し、その賑わう茶屋の様子が眼に浮かぶようである。

甲子園六石町という名が残るその地域を、地図を片手に訪れてみたい。餅をつく威勢の良い掛け合い、茶屋の賑わい、旅人の憩う会話などが風に乗って、懐かしく聞こえてくるかもしれない。

【文学の生成の視点から】

地名にまつわる話は文学にも昔話にも多いと思います。この面白さは、ニックネームのつけ方と同じパターンと言えます。例えば『徒然草』第四十五段に

公世の二位のせうとに、良覚僧正と聞えしは、極めて腹あしき人なりけり。坊の傍に、大きなる榎の木のありければ、人、「榎木僧正」とぞ言ひける。この名然るべからずとて、かの木を伐られにけり。その根のありければ、「きりくひの僧正」と言ひけり。いよいよ腹立ちて、きりくひを堀り捨てたりければ、その跡大きなる堀にてあり

ければ、「堀池僧正」とぞ言ひける。

とありますが、現代語訳すれば、

藤原公世の従二位の兄さんで良覚僧正として知れ渡った人は、大変へそ曲がりでした。彼の寺のかたわらには大きな榎の木があったので、近所の人は「榎木の僧正」と呼んでいました。僧正は、「こんな名前。私にはふさわしくない」と怒って、その榎の木を切り倒しました。そうすると今度は、切り株が残ったので「きりくいの僧正」とあだ名を付けられました。すると僧正はますます逆上して、今度は切り株までも掘り起こして捨ててしまいました。その跡には自然と水がたまり、大きな堀ができました。そうなるとついに僧正は、「堀池の僧正」と呼ばれるようになりました。

となります。原文の方がリズムがいいですね。しかし、ニックネームをつけられた側は気になりますよね。

私が幼い頃、地元に「お化け屋敷」と呼ばれるところがありました。地縛霊があって、誰が住んでも不幸になるのです。それは、私の先祖が百年以上のスパンでその家を見続けてきた結果の呼び名だったのですが、知らず知らずに近所でもその場所を忘れてしまうようになっていました。旧家で私の幼なじみの女性がある日、「お化け屋敷がいつのまにか私の家になっている」と憤って私に訴えるので理由を聞いてみると、その人の家の離れの家が空き家になっていて、清掃もなおざりにされていたので、本来の「お化け屋敷」を知らずに新しく引っ越して来た方々が薄気味悪いと噂されていたそうです。風評はいつも人を騒がせますね。

六石もの餅は【児童文学の視点から】にあるように、非現実的な数字です。でも、売れる店と評判になった方がまた売れます。行列ができる店のようなものですね。うまく名づけてもらった例ですね。

その22
木元《このもと》の火伏《ひふ》せ地蔵

有馬《ありま》は温泉で有名なところです。昔は有馬を「湯の山」と呼んで、病気や疲れを癒すために、人々はよく有馬を訪れました。京都・大阪から湯の山へ向かう途中には、生瀬《なまぜ》を通ります。せっかく近くに来たのだからと、木元地蔵《このもとじぞう》さんにお参りする人がたくさんありました。

遠くからたくさんの人がお参りにくるほどですから、この地域の人々はこのお地蔵さんをとても大切にしておりました。木元地蔵さん子どもや女の人を守ってくださる、心優しいお地蔵さんだといわれていました。

そのあたりに、川辺《かわべ》の音次《おとじ》という百姓が住んでいました。若いのに日頃から仏さまを深く信じ、木元地蔵さんにもよくお参りしていました。

ある日、音次夫婦が裏山へ薪を拾いに行ったときのことでした。

夫婦にはかわいい子どもが一人ありました。まだ赤ん坊ですから、出かけるときによく眠っていましたので、藁かごに寝かせて、急いで出かけました。赤ん坊をひとり家に置いて行くのが気にならないわけではありませんでしたが、早く仕事を片付けて帰ってくるつもりでいたのです。

夫婦は一所懸命に木の枝を集め、縄で結わえ、やっと二人分の背負い荷ができました。

「やれやれ、今日の山仕事はこれで済んだ。さあ帰ろう。」

夫婦で労わり声をかけ合って、ふと山から下の方を見ると、黒い煙が立ちのぼっています。よく見ると、音次の家に違いありません。

「火事だ！」

背負った薪をかなぐり捨て、二人は一目散に山をかけ下りました。家にはかわいい赤ん坊が一人で眠っているのです。家のあちこちから火が噴き出し、家じゅうが火の海になっていると思うと、気も狂わんばかりです。

息せき切って家の中に駆け込みました。一面の黒煙と燃えさかる炎のなか、二人が見たものは日頃からお参りしている木元のお地蔵さんの立ち姿でした。

かわいい赤ん坊は、お地蔵さんの胸の中に抱かれています。何も知らぬ顔でスヤスヤ眠っているのです。黒い煙や火の粉が赤ん坊に降りかかってきます。するとお地蔵さんは衣の袖で、懸命にそれを払っておられるのです。普段のやさしい顔つきが厳しいお顔になり、お地蔵さんは赤ん坊を守ってくれていたのです。

音次は急いで赤ん坊をお地蔵さんから手渡してもらい、外へ飛び出しました。妻が赤ん坊をしっかり受けとめると、音次は再び家の中に飛び込みました。激しく燃える火のなか、お地蔵さんの姿はどこにも見えませんでした。音次の家は焼け落ちました。火の始末をするために家の周囲を駆け回っていた音次は、ハッと気が付いて、木元のお堂へ駆けつけました。

するとお堂の中には、いつもと変わらぬお地蔵さんが、やさしい目をしてこちらを見ています。ところが、お顔や衣が焼け焦げて黒くすすけているのです。

「……やはりそうだったのか。わが家の火事で、赤ん坊を助けて下さったのは、このお地蔵さんだったのだ。」

音次は、お地蔵さんの足もとに身を投げ出し、顔を床にこすりつけて拝みました。

「ありがとうございます。おかげ様で、私

どものかわいい子どもの命が救われました。何とお礼を申し上げてよいかわかりません。このご恩はいつまでも忘れません。」

しばらくすると、母親も赤ん坊を抱いて駆けつけました。夫の後ろに跪き、心からお礼を言いました。こうして三人は長い間、お地蔵さんの前を離れようとはしませんでした。

今も、お地蔵さんの頬と左の衣に傷あとがはっきり残っており、音次の家の火事のときに負ったものといい伝えられています。

解題

【児童文学の視点から】「親の愛」

冬の冷え切った風は、乾燥していて火事が起こりやすい。昔のことだから家で火を焚いて暖をとり、煮炊きし、風呂を沸かしていた。火は日常の生活に欠かせないものであっただろう。しかし火は扱いを誤ると手の着けられない乱暴者に変わる。日常を潤してくれる反面、付き合い方を誤ると凶器に変わるのである。

この昔話は木元地蔵さんに熱心にお参りする、信心深い夫婦の話である。夫婦にはかわいい子どもがいたが、ある日、せっかく眠っているからと子どもを一人家に残して、薪拾いに出かけてしまった。仕事を終えて家に帰ろうとすると、自分たちの家から黒い煙が立ち上っている。慌てて山を駆け下りるが、家からは激しく火が噴出している。それでも赤ん坊を助けたい一心で家に駆け込むと、お地蔵さんの腕のなかでわが子が守られている。急いで赤ん坊を受け取って、外に逃げ出した。夫ははっとして、木元地蔵さんのもとに駆けつけると、お地蔵さんの顔や衣が黒く煤けている。やはりお地蔵さんがわが子の命を助けてくれたことに気付き、感謝のお参りをするという話である。

自分の命に代えても、わが子の命はまもりたいものである。そのような親心を知って、心優しいお地蔵さんは、火事から子どもの命をまもってくれた。どんなに感謝しても足りない気持ちである。

【文学の生成の視点から】

お地蔵様にまつわる奇跡譚は、もしかすると日本の昔話に一番多いのはお地蔵様の話ではないでしょうか。一々をあげるべきでしょうし、身代わり地蔵のような例も必ずあるでしょう。

日本文学において、『日本霊異記』以来、『今昔物語集』・『発心集』・『沙石集』等いわゆる仏教説話の系譜は中世までにとどまらず、脈々と今までも続いていると思います。

世俗の話を用いて因果応報の理《ことわり》を庶民に教えたり、身近な奇跡譚から信仰心を煽ることとは、宗派を越えた仏教界、いや、すべての宗教に必要な営みであったでしょう。中でも仏教において、お地蔵様の役割は特別でした。「地蔵菩薩」とは、

六道の一切衆生の苦を除き、福利を与えることを願いとする菩薩。また、特に地獄の衆生を教化し、代受苦の菩薩とされるが、俗信では、小児の成長を守り、もし夭折した時はその死後を救い取ると信じられ尊崇された。密教では菩薩形にあらわされるが、普通には頭をまるめた僧形で、宝珠を持ち、平安中期以降は宝珠と錫杖を持つ姿が一般化し、多く石に刻まれて路傍に建てられ、民衆とのつながりが強まった。その救いのはたらきや霊験、

形、置かれた地名などによって、親子地蔵、腹帯地蔵、雨降地蔵、お初地蔵、とげぬき地蔵、勝軍地蔵、延命地蔵などの名がある。地蔵薩《じぞうさった》。地蔵尊。地蔵。（『日本国語大辞典』）

という難しい説明になります。しかし、昔の人、特に無学な庶民にとっては、お地蔵様と言えば、子どもを守ってくれる仏様であったのです。

童歌の「通りゃんせ」に「この子の七つのお祝いに」とありますが、昔は、七つまで成長して一安心するというほど、幼児での死亡率が高かったとされます。幼くして亡くなったわが子はお地蔵様が守って下さっているという、これも宗派を越えた信仰がありました。

八月旧暦にあわせて、日本各地で地蔵盆が催されます。最近は、地域連携の大切な場となっていますが、お菓子に群がる子どもたちの姿を見ると何か、慈しみを感じますね。

その23

左七を助けた餅

名塩《なじお》の村に、幸右衛門《こうえもん》と左七《さしち》という二人の男が住んでおりました。

幸右衛門は仏さまを信じる心が強く、畑仕事の行き帰りに、お寺の前を通ると、肥桶を道に置いて拝みに行くほどでした。一方、左七は、神仏などはあってもなくても同じだと、いっこうに信じず、拝もうともしませんでした。

ところがある日、突然、左七の姿が名塩の村から消えてしまいました。家族はもちろん、村中心配して探しまわりましたが、どこへ行ったかわかりません。左七のお嫁さんは、毎日、仏さまにお参りし、無事に帰ってくることを必死で祈りました。

左七はどこをどうさまよっていたのやら全く覚えていないのですが、気がついたら、京都の嵯峨野で野宿をしていました。目が覚めたとき、目の前に見知らぬ白衣の人が立っておりました。

「みなが心配しているぞ。この餅を食べて元気を出して、はやく名塩に帰れ。」

その人は左七にそう言って餅を渡し、名乗らずに去って行きました。

左七はその餅を食べて生き返ったように元気になって名塩まで歩き通し、わが家に帰ってきました。

家族に嵯峨野であった不思議な話をすると、

「それはいつのことでしたか。」

と妻が聞きました。

「昨日のことだ。」

左七がそう答えると、妻は思い至ったようにハッと胸に手を当て、

「昨日は、あなたがいなくなってちょうど二十一日目でした。毎日、仏さまにお餅を供えてお願いし、ちょうど満願《まんがん》の日だったのです。あなたが正気に戻ったのはその日だったのですね……。」

と言いました。

左七はそれから心を入れ替え、幸右衛門と同じように神仏に感謝の心を持って毎日拝んで暮らし

たということです。
名塩の名物に「焼きもち」があり、昔から多くの人に喜ばれていますが、それは命の救いとなった「左七の餅」が、今に引き継がれているのかもしれません。

解題

【児童文学の視点から】「命を救う餅」

ある日、忽然と人が消えてしまうとしたら、それはとても恐ろしいことである。佐七はいなくなってしまった男である。「神隠し」という言葉があるくらいだから、何らかの事件や事件に巻き込まれて、どこかに消えてしまうということがあったのだろう。名塩に住む佐七はフラフラとどこをさまよっていたのかさえも、記憶にないという。

迷いながら途方もなく歩いていると、見知らぬ老人が餅を焼いて持ってきてくれた。心配した佐七の妻は、毎日仏さんを拝み、佐七の無事を祈る。村じゅうの人々が彼を探し、出てくるように祈った。夢中でもらった餅を食べて、佐七は帰宅する。それは佐七がいなくなってから、ちょうど二一日目の満願の日のことだったという。満願の日に滋養の高い餅を食べてようやく我に返った佐七は、その日から信心深い人間になって暮らしたという。餅は不思議な力の源で、昔から何かというと食されてきたものである。この物語では、佐七の妻が彼を想い、心から祈る気持ちが餅に託されている。

【文学の生成の視点から】

【児童文学の視点から】でも指摘しているように、これは一種の神隠しです。神隠しによって消えた少女が老婆となって村に立ち戻った話は、柳田国男の『遠野物語』「寒戸の婆ぱぁ」で知るところです。「神」が隠すと言っても、天狗がさらったり、化け物がさらったり、いろいろな例があります。民俗学的に考えれば、とても定義仕切れない現象です。

例えば『浦島太郎』のように、本人は竜宮城に行っていた記憶があっても、彼のまわりの人々にとっては、ある日突然、太郎が目の前から行方不明になったわけですから、捜索したり、いなくなったと騒いだことでしょう。そうすれば、これも「神隠し」です。

このような異界訪問まで加えれば、文学の中に神隠しにあった例は山とあるでしょう。

『今昔物語集』巻三十一の第十四には、修行僧三人が四国の辺地で道に迷ってしまう話があります。三人は彷徨ったあげく、ようやくある僧坊にたどりつき、休ませてもらいました。ところがそこに怪しげな僧があらわれて、二人の修行僧をむち打つと馬になってしまいます。残った一人の修行僧は隙を見て逃げ、僧の妻やその妹に助けられ、正しい道に出て窮地を脱したという話です。

道を間違ったために越境してしまい、異界に迷い込んでしまう。これは桃源郷に迷い込むのと同じです。そのためには桃の林を通り抜けるわけですが、これは一種の「結界」を越えることによるわけです。『西鶴諸国ばなし』巻二の五の「夢路の風車」は、「岩穴」を通り異界に入りますし、泉鏡花『高野聖《こうやひじり》』では、蛭の山道を越えて異界に入っていきます。

その意味では『千と千尋の神隠し』は、トンネル、さらには川という「結界」を越えた向こうの世界での話ですか

ら、「異界訪問」による「神隠し」と言えますね

ところで、「神隠し」は『日本国語大辞典』によれば、「子供などが急にゆくえ知れずになってしまうことを、神や天狗のしわざとしていう語。」としていますが、いなくなった人にすれば、単に違う場所にいたということになります。本文の左七が名塩から消え、「どこをどうさまよっていたのやら全く覚えていない」けれど、なぜか京都嵯峨野にいたという現象は、典型的な「神隠し」です。その間、異界にいたのかも知れませんが、京都嵯峨野は、隠棲する人、世捨て人が多い場所でした。いわば、左七はこの世を捨てたということになります。また、嵯峨野には化野《あだしの》という場所があり、無縁の石仏が並びます。左七は、この世の人ではなかったのかもしれませんね。

その彼岸《ひがん》というあの世にいる左七を此岸《しがん》というこの世に引き戻したのが「見知らぬ白衣の人」と「餅」だったのです。だから「生き返ったように元気」になったのです。「餅」は「満願の日」の餅ですから、それを運んだ「見知らぬ白衣の人」は、この世とあの世を自由に行き来できる仏様であったのでしょうね。

信仰の大切さを説いた話でありながら、名塩名物の焼き餅の由来話にもなって、宣伝効果があるのが面白いですね。

その24
鳴尾の義民

今からおよそ四百年前のことでした。

「ああ……水がほしい！」

「水がほしい！」

鳴尾の人々が何万回、繰り返し叫んできた言葉でしょうか。

この頃このあたりは、三年間も大干ばつに見舞われていました。

来る日も来る日も日照りが続き、鳴尾村の田の稲は葉がよじれて黄色くなり、今にも枯れそうなありさまです。稲が枯れて米の収穫ができなければ、村人は飢え苦しむことになります。村人たちは気が気ではありません。雨乞いの祈りや踊りなどを、村をあげて繰り返しました。

しかしその甲斐なく、空には何の変化も起こりません。村人たちは、毎日恨めしそうに空を眺めるばかりでした。

さて、村境の枝川《えだがわ》をへだてた瓦林《かわらばやし》村では、鳴尾村の困り果てた様子とは違い、新川《しんかわ》から水を引いていたので、稲が青々と元気に育っていました。

豊かというほどではありませんが、鳴尾村の稲とは比べものになりません。

そこで、鳴尾村の長が瓦林村に出かけていき、

「新川の水を少しでも分けてもらえないだろうか。鳴尾では今にも稲がかれそうで……。」

と必死の思いで頼みました。

しかし
「こちらとて、こんなにも日照りが続く毎日であれば、耐え抜くだけの水が保てる見通しが立たぬ。よって、水はどうしても分けてやるわけにはいかない。」

と、瓦林村に断られたのでした。

鳴尾村の人たちは、白く乾き一日一日とひび割れのひどくなる土地で、やっと花の咲いた稲

が枯れてゆくのを、ただ見ていることなどできませんでした。

村人の一人が、決死の覚悟で
「みんな聞いてくれ。瓦林村には悪いが、新川から水を引こうではないか。このままでは、わしらの村の稲は全滅じゃ……。」

と、言い出しました。

村人たちは皆、それがどれほどいけないことか分かっていました。しかし口にこそしませんでしたが、村人たちは皆、同じ思いでした。

しかし、そのようなことをするのをためらっていました。〝水を引く〟と言いながら、それは〝水を盗む〟ことだったからです。お上に知られたら、死刑は逃れられないことを、誰もが知っていたからでした。それほど、〝水を引く〟ことは罪深い行為でした。

誰もが〝水を引く〟ことをためらいましたが、また誰もが生き延びるために、水が欲しくてたまりませんでした。

村人たちは昼も夜もなく集まって、相談しましました
このまま飢え死にする日をじりじり待つか、それとも、どんなことになろうとも秋の実りだけは残すか……。どちらかしかありませんでした。村人の心には、大切な家族の顔が浮かび上がってきました。

年老いた村人の一人が、

「水を引こう！瓦林村にはほんとうに悪いが、村全体の命がかかっている。やるしかない。水を引こう！」

と、叫びました。その声で村人の覚悟は決まりました。

「よし、やろう。」

「それしか道はない。」

全員が声を上げました。

さっそくその夜から、たくさんの村人が鍬やもっこを持って集まり、枝川の川底をほり進め、新川へとつないでいきました。空の四斗樽《よんと》の底をぬいて繋ぎ合わせ、樋《とい》を新川まで通したのです。瓦林村に知られないように闇夜に紛れて、毎晩、必死の作業を続けたのでした。

水は新川から枝川の川底をくぐり、鳴尾村に流れこんできました。サラサラと樽の樋を走る水音を耳にした村人たちは、胸をなでおろしました。水は乾ききって地割れした田に走りこみ、土にしっかりとしみこんでいきました。枯れ死寸前だった稲は生き返ったのでした。

しかし、こんなことが瓦林村に知れぬはずがありません。

瓦林村から人々がやってきて、鳴尾村の人々と大喧嘩になりました。両方とも青竹をとがらせた槍を仕立て、激しい突き合いの結果、たくさんの人が死に、傷つきました。

この騒ぎが方々へ知れわたっていき、ついに大阪城からも両村に呼び出しがかかりました。

奉行が鳴尾村の人たちにたずねました。

「おまえたちは、水を引くことが重罪にあたることを知ってやったのか。」

「はい、知っておりました。」

村人たちは、顔色ひとつ変えずに答えました。すでに覚悟の上でのことでした。

この話を聞いた当時の関白であった豊臣秀吉は、鳴尾村の人たちに同情し、

「おまえたち、水がほしいか、命がほしいか。どちらかひとつを選ばせてやろう。」

と、言いました。

鳴尾村の人たちは、

「百姓にとって、水は命と同じくらい大切なものです。私たちの命と引きかえに、鳴尾村に水をいただきとう存じます。水さえあれば……私たちの村は、生き延びることができるのです。どうか、命より水をください。」

と、迷わず言いきりました。

村の将来を思う村人たちの決意を聞いた秀吉は、

「これほどの覚悟で、苦労して水を引き入れたのであるから、鳴尾村には永代《えいたい》にわたって水をやろう。そのかわり、この水引きに参加した者は全員打ち首とする。よいな。」

と、申し渡しました。

〝打ち首〟と聞いても、村人たちは誰ひとりとして顔色を変えることもありませんでした。

じっと考えていた奉行が、

「いったい空樽をいくつつないだのか。空樽の数だけ打ち首にするとしよう。」

と、言いました。

「二十あまりでございます。」

村人たちは、すかさず答えました。実際には二十どころの数ではありません。百メートル以上の樋を作ったのですから、空樽少なくとも百以上の数になったのです。しかし奉行は「なるべく犠牲者を少なくしてやりたい」という気持ちで言い出したことだったので、やかましく問いただすつもりなど毛頭ありません。

「それでは二十五個だな。よって二十五名の者に打ち首の刑を申し渡す。」

処刑されることになった二十五名の村人たちは、

「思い残すことはないか。」

と聞かれて
「鳴尾村の将来のために死ぬのですから、喜んで死にます。ただし〝鳴尾村が永代にわたって水をもらえる〟という約束の証文をいただきとうございます。」

と、口々に言いました。

約束の証文は、二十五名が処刑される朝、奉行から鳴尾村の代表に手渡されました。

これまでたびたび干ばつに苦しめられてきた鳴尾村ですが、このことがあってから、どんな日照りに見舞われても、水は保たれているため、稲は青々、すくすくと育ち、豊かな実りの秋を迎えることができたということです。

「命はいらない、水をくれ。」と叫び、命懸けで村を救った人々を讃える義民碑が、今でも北郷《ほくごう》公園にあるということです。

解題
【文学の生成の視点から】
水争いは「水論《すいろん》」と言って、日本経済が長く農業中心であり、さらにその中核を水田稲作が担ってきたため起こった、自力救済的な争いでした。鳴尾村で起こったこの事件も事実として歴史に残されています。『日本歴史地名大系』（平凡社）「鳴尾村」には、
天正一九（一五九一）年夏、鳴尾地内の北郷《きたごう》にあった枝川に設置された用水樋をめぐり、川上の瓦林《かわらばやし》三ヵ村と川下の当村との間で水論が起き乱闘事件にまで発展した。翌年には一三歳の少年をはじめ関係者八三人が磔刑に処

せられ、「多聞院日記」天正二〇年一〇月二三日条には「摂州ノ百姓共去夏水事喧ノ衆八十三人ハタ物ニ被上了ト、天下悉ケンクワ御停止ノ処、曲事ノ故也ト云々、十三才ノ童部父ノ命ニ代テハタ物ニ上了ト、哀事、抑孝行ノ儀也、末世不相応」と記されている。「ハタ物」とは磔用の木材のこと。村内浄願寺《じょうがん》には鳴尾村の二五人の刑死者名を刻した義民碑が天明七年（一七八七）に建立された。この事件の処理のため豊臣秀吉の検使衆が派遣され、双方から事情聴取して絵図面などを作成、糾明の結果、鳴尾村が用水とすることを認めている（年未詳八月二五日「豊臣氏奉行人連署裁許状」西宮市立郷土資料館所蔵文書）。事件以降、鳴尾村では毎年半夏生の前日に瓦林三ヵ村に用水受料の酒肴を贈ることが慣例となり、近年まで続けられていたという（瓦木村誌）。

とあります。たかが水争いで「一三歳の少年をはじめ関係者八三人が磔刑に処せられ」たとは厳しすぎると思うかも知れません。しかし、辞典類にかくも簡単に大きく取り上げられているように、この事件は日本の歴史上、とても大きな事件だったからです。

「豊臣秀吉」として武力的に天下の覇者となった秀吉にとって、次の課題は経済基盤である石高制の安定でした。太閤検地や度量衡を行う中で、それまで米作りのための実力行使として認められてきた水争いを厳しく取り締まるのは国家政策として、大きな仕事でした。そのような政策実行中に起こった事件ですから、日本全国への「見せしめ刑」的な意味合いが濃かったのでしょう。単に関係者を死刑にしただけでなく、このような全員「磔刑《たっけい》」というイエス様のような磔刑《はりつけ》にしたのは、豊臣政権の施政方針を示したものと思います。鳴尾村二十五人だけでなく瓦林村側の関係者の多くを処刑しているのも、喧嘩両成敗のためでしょう。この喧嘩両成敗の姿勢は徳川政権下でも不文律のまま継承され、赤穂事件の処断問題などに発展することとなるのです。

結局、鳴尾村では、右の引用部の傍線部のように永代の水利を獲得します。しかし、瓦林村にも配慮し、永代「用水受料」を支払うことで整合性を保ったのでしょう。

鳴尾村としては義民二十五人の恩恵に涙したことでしょうが、瓦林村の多大な犠牲をはばかって、義民碑ができるまで約二百年の間、偉業を讃えることを昔話として伝えたのでしょう。悲惨に隠れた美しい話です。美徳ですね。

その25 六甲山の天狗

むかし、江戸時代の初めごろのこと、大社村では、田植えをしたばかりの稲が今にも枯れそうになっていました。

このあたりには川がなく、池の水を田に引いていましたが、このところ日照りが続き、池が干上がってしまったのです。

何とかしようと、村人たちは昼も夜も休まず、井戸掘りに精を出しました。水の出そうな谷あいや窪地を見つけては掘るのですが、どんなに掘っても水は出ません。

「水が出んのう……。」

「田の水がほしい……。」

「飲み水がほしい……。」

困りはてた村人たちは、かんかん照りの山道を汗だくになって登り、頂上で神様に雨乞いをしました。

「もう稲が枯れてしまいます。神様、どうか雨を降らせてください。」

村人たちは雲ひとつない空を恨めしげに見上げながら、みんなで祈りました。けれども雨は降りそうにありません。

井戸掘りをしても水は出ず、雨乞いをしても雨は降らず、とうとう村人たちはどうしてよいのか分からなくなりました。

その時、中村の紋左衛門が、

「わが社家郷山《しゃけごうやま》に降った雨が仁川に流れこんでいる。社家郷山の水は大社村の水だ。仁川の上《かみ》で水を引こう。」

と、村人たちに訴えました。

「そうだ！　社家郷山の水を引こう。」

「社家郷山の水は、大社村の水だ。」

「そうだ。そうだ。仁川の上で水を引けばわしらも生き延びられる。」

話はまとまりました。

村人たちは一日も早く田へ水を引こうと、みんなで力を合わせて働きました。それで工事は順調にはかどっていきました。

ところが、取水口の近くは岩やがけで、トンネルを五十メートルも掘らないと水が通りません。これはたいへん難しい工事です。村人たちはこの岩山にそって、竹をくりぬいた仮樋《かりどゆ》をつけて、村に水を送るかたわら、この岩山に穴をあける工事に取り組むことにしました。

ところが、仁川の川下の村々では、このことをいち早く見破り、

「仁川の水を大社村が盗っているぞ。」

「早くやめさせないと、仁川の水が減ってしまうぞ。」

「鍬を持って、みな一本松にあつまれ。」

と、大騒ぎになりました。

夜になり、あたりが暗くなると、一本松に集まった青年たちは、鍬や鋤を持って、取水口にやってきました。青年たちの鍬の先が、月の光を受けて無気味に光ります。

「岩山に沿った仮樋をつぶせ!」

「水の流れを止めろ!」

青年たちは大社村への水の流れを止めると、村へ帰っていきました。

しかし大社村では、すぐに修理をして水を引きました。けれども、川下からは、毎日のように工事の妨害をしてきました。そのために、岩山をくりぬく難工事は思うように進みませんでした。

大社村の人々は、

「社家郷山の水は、むかしから大社村の水なのだ。」

「その水を、われわれが引いてどこが悪い！」

「工事の邪魔をされてたまるか。」

と、いきり立っていました。

この様子をみた紋左衛門は、

「もちろん、みんなの言うとおりだが、今は争ってはいけない。わしによい考えがある。ここはわしにまかせてくれないか。」

と、大社村の青年たちをなだめました。

工事の指図役の紋左衛門の言うことですから、青年たちも聞かないわけにはいきません。怒りの気持ちをおさえて、紋左衛門に任せることにしました。

今日もあたりが暗くなると、いつものように川下の青年たちがやってきました。そして水路をめちゃめちゃに壊してしまうと、川下へ帰り始めました。その時、

「ギャー！」

と大声を上げたかと思うと、青年たちはその場で腰を抜かしてしまいました。

大岩の上に、まっ白い着物をきてうちわを手にした赤黒い顔の大天狗が、青白い月の光をうけて勇ましく立っているではありませんか。

大天狗は大きな目玉を光らせながら、

「わしは六甲の天狗じゃ。この山から流れ出る水は皆のものじゃ。この水は仲良く使え。」

と、山裾の村々にまで聞こえるような大声でさけびました。

川下の青年たちは、恐ろしさのあまり、われ先にと転がるようにして逃げ帰っていきました。

この夜から川下の村では、

「六甲の神様にもらう仁川の水じゃ。神さまのお告げに従わねばなるまい。」

とささやくようになり、大社村の水路工事の邪魔をする者もなくなり、難工事が順調に進んだということです。

あの夜、大天狗になって岩の上に現れたのは、中村の紋左衛門だったということです。

解題

【児童文学の視点から】「天狗の願い」

これは、六甲山麓の大社と仁川の水にまつわる争いの物語である。西宮という土地は、古くから水不足で苦悩したという。この昔話のように、水に関わる事件をもとにした昔話は数限りなくある。大社と仁川の上には、社家郷山がある。この社家郷山の水をめぐって二つの地域の水争いをはじめ、それを納めるために、天狗が出たのである。

天狗の正体は、二つの地域の争いに心を痛めた若者、中村の紋左衛門だったのだ。同じ苦しみを抱える二つの村が、少しでも力を合わせれば大きな改革ができるはずだと、この賢い若者は信じたのである。

自分の村の利益だけ考えて闘うことより、相手を慮り、そして苦しみを分かり合い、協力すべきだと考えたのだ。しかし、どんなに説得しても二つの村の若衆は納得しなかった。そこでやむなく、自分が天狗に化けて、天の声として「わしは六甲の天狗。社家郷の水は皆のもの。仲良く使うように」と告げる。天狗の恐ろしさと神々しさに、人々は圧倒され、争いをやめたのだった。

窮地に追いやられると、誰もが皆、自分のことしか考えられなくなる。しかしこのエゴイズムを乗り越えたところに、初めてあらたな道が開けていくのではないか。その可能性を天狗が明らかにしてくれている。

【文学の生成の視点から】

前話に続き、事実に基づく水争いの話です。

江戸時代になると水争いはもっと深刻でした。徳川政権下では豊臣政権以上に年貢の確保をめざし、農民統治を行っていきます。干ばつで不作になるというのは、単なる個人の収入減だけの問題ではありませんでした。一定の年貢を払わなければ、お上に逆らう者として、村に肩代わりが求められます。つまり、干ばつで不作になるということは、村民みんなの死活問題になってくるのです。しかし、水源は一つ。同じ天候被害ですから、どの村でも水不足は同じです。大社村に限らず、まずは神頼み、続いて水の配分をめぐって村同士の話し合い、その次は、実力行使、水の奪い合いになったわけです。

『西鶴諸国ばなし』巻二の七「神鳴の病中」は水争いながら面白い話です。――ある裕福な農家で父が天寿を全うしました。父は二人の息子に「この家の財産の中で家宝の刀だけは手放すな」という遺言を残します。兄弟は大喧嘩の末、弟に家財すべてを譲ることで、兄が刀を手にします。兄はさぞかし値が付くだろうと、その刀を鑑定してもらいますが、鈍刀の上に刃もついていない刀で、全く価値がないものだというのです。母に「刀」の由来を聞くと、父が若い頃、水争いで、つい血が上って隣村の者をこの刀で斬ってしまったけれども、相手がかすり傷もしなかったというのです。冷静になると、この刀こそが自分を殺人者にしなかった「命の親」だと崇め、家宝と大切にしただけなのに、そんな刀を兄弟がなぜ奪い合っているのかわからなかったと言ったというのです。

前話では豊臣秀吉が出てきて仲裁しましたが、よほどの大問題となったからでしょう。統治する側は争い事になっていても、ギリギリの状況まで見て見ぬをすることが多かったようです。しかし、理由はどうであれ、『西鶴諸国ばなし』のように誰かを斬って殺したなどとなると、江戸時代は人一人斬れば死罪という慣習法もありますし、犠牲者が出た相手村の気持ちもありますから、喧嘩両成敗。死罪であった可能性は高いといえます。

そのような悲劇を避けるためにも「中村の紋左衛門」が「天狗」になって、双方の訴えをおさめたのは、なかなかよい方法だったと評価できます。

上ケ原コミュニティ委員会作成の『上ケ原の歴史と文化財』に大崎正雄氏は、この話を載せ、寛永十八（一六四一）

年の干ばつの話とされ、「中村の紋左衛門」が単身、烏帽子、直垂に般若《はんにゃ》の面をつけて立っていた姿を天狗と見誤ったとされていますが、実際はそんなところかと思います。大崎氏によると大社村の人々は「中村の紋左衛門」の徳をたたえて、明治二十八（一八九五）年になって、広田神社に「兜麓底績碑《とろくていせきひ》」と刻んだ石碑を建てて顕彰したそうですが、下流の村々からは水を盗んだ大悪人とされたそうですが、これももっともな話だと言えるでしょうね。そのため、前話の義民碑同様、顕彰碑が出来るまで、約二百五十年が必要だったのでしょうね。

水路は二年後に完成したのだそうですが、本文にある大社村の人々が行った「井戸掘り」や「トンネル工事」に当時の制度からはお上は一円も支払ってくれなかったでしょうから、技術的なことから経費まですべて村がもったと思われます。「中村の紋左衛門」は知恵だけでなく、私財も投じているはずです。皆を統率してリーダーシップをとり、現場で自ら監督して工事を成功させたことも含め、やはり、「中村の紋左衛門」は素晴らしい人物だったと評価していいのではないでしょうか。

その26

山の井《ゆ》

むかし、江戸時代の終わりに近い頃のことです。

段上《だんじょう》村、上大市《かみおおいち》村、下大市《しもおおいち》村の西のほうは、土地が高く、水にはいつも不自由していました。三つあるため池の水も日照りが続くとすぐに干上がり、田は荒れてしまいます。村人たちはいつも天を仰いで、雨の降るのを待つばかりでした。

「何とかしなければなるまい……。」

段上村庄屋の松山五郎右衛門《まつやまごろうえもん》は、近くの山や川を歩きまわり、三年余りも考え続けてきました。そして、

「三か村の水不足を救うには、百合野《ゆりの》の荒地に水路をつくり仁川の水を引くしかない。」

と決心し、村人たちに熱心に説いてまわりました。

「だけど庄屋さん、仁川の取り口には、あの大岩がじゃましている。岩にそんな長い穴をどのようにして開けるのですか。わしら、今までにそんな工事はしたことがない。」

「取り口はここしかない。どうしても、岩に穴をあけて水を通すのだ。この大岩に穴をあけるしかない。」

「今のままでは、子や孫の代になっても水不足はずっと続く。わしらの時代に水を引いてやろうじゃないか。」

五郎右衛門の強い信念にみな心を動かされ、若者から老人まで、二、三百人もの村人が集まりました。そして、一日も早く水を引こうと水路づくりが始まりました。

ところが、上ケ原新田《うえがはらしんでん》の人たちが、

「百合野は上ケ原新田の支配地にあるのに、三か村は勝手に溝を掘っている。けしからんことだ！」

と、三か村がせっかく掘った水路を埋めてしまいました。

「何を言うか。百合野は五ケ山《ごかやま》の一部だから、自分たちのものだ。」

と主張する三か村と、上ケ原新田との間で争いになり、お互いに決して譲ろうとはしませんでした。

ついに、大阪町奉行所《おおさかまちぶぎょうしょ》の裁きを受けねばならなくなりました。

五郎右衛門は、

「このお裁きには、絶対に負けられない。もし負けたら、わしらはいつまでも水不足で苦しみ続けねばならん。」

と言い、村の守り神の若宮八幡宮《わかみやはちまんぐう》に二十一日間の願かけを始めました。五郎右衛門は、風雨の激しい日も毎夜、丑の刻にお参りし、祈りを続けました。

とうとう満願《まんがん》の二十一日目になりました。大勢の村人たちが村中から集まって、お宮の中はいっぱいになりました。

ちょうどその時、大阪町奉行所の裁きを伝える村人が、何やらさけびながらとびこんできました。

「われわれの言い分が認められたぞ。」

「仁川の水を引くことができるぞ。」

この嬉しい知らせを聞いた村人たちは、五郎右衛門を取り囲んで、わあわあと声を上げて喜び合いました。

しばらくして、五郎右衛門は、厳しい顔で村人たちに言いました。

「みんなの祈りがあったからこそ勝てたのだ。よかった。本当によかった。けれども、本当はこれからが大変なのだ。のみと槌であの大岩に穴をあけ、鋤と鍬で必死に溝を掘らなければ、水は来ないのだ。

みなの衆、これからだ。工事には何年かかるかわからない、みんなが心を一つにしてつとめなければ出来ないのだ。」

三か村では再び工事にとりかかりました。大岩にのみと槌で挑む者、仁川の崖に溝を掘る者、百合野に溝を開く者など、村人たちは力をあわせて励みました。あまりに長い難工事につかれはて、倒れる人も出ましたが、みな決して諦めませんでした。

こうして、なんと四年余りの年月をかけ、ようやく「山の井《ゆ》」ができあがり、三か村の田畑に仁川の水が流れこんできました。

今でもこの「山の井」の水は、長い岩穴に音を立てて流れこみ、田畑をうるおし、この地域の人々の飲み水ともなっているということです。

解題

【文学の生成の視点から】

これは、文学、昔話というより、段上村、上大市村、下大市村の三か村と上ケ原新田の長年にわたる水論がかかわっています。その点は前の二話と同様ですが、本文には「義民碑」「兜麓底績碑」のようなドラマ性が少ないように思います。水論の長い経緯は『西宮市史』など一々の資料を見るよりは、前話であげた上ケ原コミュニティ委員会作成の『上ケ原の歴史と文化財』で大崎正雄氏がまとめておられるのがわかりやすいと思います。つまり、前二話もそうだったのですが、相手側にも言い分があると思います。ですから、上ケ原新田の言い分もあると思います。

しかし、これが昔話というものです。歴史書でもほとんどが書き手、または話し手の応援する側の視点で成立します。それは致し方ないことだと思います。それでも日本文学の場合は判官びいきと言われる負けた側、弱小な側を大切にする視点があると思います。例外も多いですし、外国文学にも同じことが指摘できる作品も多いでしょう。次の作品同様、次世代に伝えること自体が大切だったのではないでしょうか。そのことを結論としたいと思います。

ただ、水と人との関わりの歴史については、宮崎駿製作・高畑勲監督の『柳川堀割物語（一九八七）』という実写映画が真実を語ってくれます。一度御覧下さい。

その27

悪代官と農民

江戸時代中ごろのことです。

旗本の青山丹後守《あおやまたんごのかみ》は、西宮・尼崎あたりの八か村を領地としていました。下大市《しもおおいち》村もその一つでした。

数年間ひどい日照りが続き、特にその年はいなごの害も加わって、ほとんど米がとれませんでした。農民たちは飲まず食わずの毎日を送り、西宮・尼崎あたりでは千人近い人々が飢え死にしかけるありさまでした。

旗本青山領では、男一人に米二合、女に一合のお救い米が出されて、年貢も免除してもらうということで、やっとその年を越すことができました。それでも尼崎藩に比べると、年貢の免除もお救い米の量も少ないものでした。

このような時期に、安東茂右衛門《あんどうもえもん》という男が下大市に代官としてやってきました。

安東が来るまでは、年貢が納められない時は、江戸屋敷に奉公することで年貢を許してもらうとい

うことがありました。ところが安東は、

「年貢代わりの奉公は認めない。納めていない年貢は、すぐさま金で納めよ。」

と、農民たちに厳しく言い渡しました。

しかし、農民たちの苦難はそれだけではありませんでした。

「武庫川の洪水よけの堤にも田畑ができるはずだ。ここからも年貢を納めよ。」

と、安藤は新しく年貢を課してきました。

「今年の年貢は、〝九公一民〟だ。」

これは一番厳しい年貢の取り方でした。せっかく苦労して米を作っても、「十のうち九まで年貢としてさし出せ」ということです。

このような厳しい取立てが、次の年もまたその次の年も続きました。

農民たちは、おそろしい代官である安東の命令に背くことはできず、田畑を質に入れる者、妻や子を売る者までありました。農民は厳しい取立ての末、必死の思いで何とか金をつくり、それを年貢として納めたのです。

しかし安東は、またもや、農民たちに無理難題を押し付けてきました。

「江戸のお殿さまが駿府《すんぷ》（今の静岡）にお勤めすることになった。たいへんめでたいことである。何かと入用なので特別に御用金を納めよ。」

というものでした。農民たちは、年貢でさえ納められないありさまなで、これ以上なにも納めるものはありません。ほとんどの農民たちが、その年のうちには御用金を納めきることができませんでした。

苦しい年が明け、また次の年になりました。

安藤は「納めていない御用金と年貢を、七月十日までにだせ。」と言い出したのです。

「いや、五日までだ。」

「いやいや、三日だ。」

「三日までに納められない者は、家・田畑を捨てて村を出て行け。」

これまでどんな厳しい年貢の要求にも従い、おとなしくしていた農民たちですが、「村を出て行け」という一言には、どうにも我慢しきれなくなりました。

八か村の村々のおもだった農民たちが、ひそかに、下大市村の庄屋の六左衛門の家に集まりました。

「これからどうしたものか……。」

もしも、こんな相談をしていることが代官の耳にでも入れば、すぐさま捕らえられます。農民たちは声をおし殺し、村のゆく末を話し合うのでした。

「代官さまから何を納めろと言われても、もうこれ以上納めるものは何もない……。」

「『納められぬなら村を出て行け』だと……。そう言えばわしらが納めると思っているのだ。」

「日照り続きで何も取れないというのに、やれ〝九公一民〟だの、金で納めよと無茶を言うかと思えば、土手にまで年貢をかけてくる。そしてまた、御用金を出せとは……なんぼなんでもひどすぎる。わしらに死ねと言っているようなものだ。」

「そのとおりだ。わしらの下大市では、四十軒のうち十軒は家を売りはらってやっと年貢を払った。誰も、もう売る物は何にもない。これからどうしたものか……。」

「お殿さまは、わしらの苦しみを知っておいでだろうか。」

「きっと知らないだろう。都合の悪いことを代官がお殿さまに申し上げるはずがない。」

「お殿さまに訴え状を出してみてはどうだろうか。」

「いや、それもだめだ。この前、年貢米を大阪まで運べという命令のあった時だ。『費用もかかる上、いそがしい時に働き手もとられるので、ぜひやめさせてほしい』と江戸のお殿さまに訴え状を出したが、お殿さまは『安東に相談せよ』とのことだった。」

「代官は鬼、江戸のお殿さまはそれを知らん顔している。……いったいわしらはどうしたらいいのだ。」

それ以上は、みな押し黙ったままでした。

やがて、一人の農民が短く、意を決したように言いました。

「よし、逃げよう。」

「えっ……?」

「代官の言うように、村を出るのだ。全員そろって逃げるのだ。そうすれば、きっと江戸の将軍さまの耳にも届くにちがいない。こんなひどいことを将軍さまが許すわけがない。」

「まて、まて。そんなことをしたら、ひどい罰を受けるぞ。お上に逆らえば、打ち首や獄門というではないか。」

また、声が途絶えました。お互いの心をさぐり合うように目がぎょろぎょろと動くだけで、しんと静まりかえってしまいました。

その静けさの中で、だれかが、

「やむなし。」

と、きっぱり言いました。

また誰かが言いました。

「やむなし……。わしらは打ち首になるかも知れん。しかし、このままでは死ぬもいっしょだ。こんな辱めを受けて黙っていたとあっては、子や孫に顔向けできん。わしは子や孫のためには、命を捨ててこの村を守るぞ。」

八か村のうち六か村は、

「代官の言うとおり村をでよう。やむなし。」

との考えでまとまり、七月二日の夜から三日の朝にかけて、一斉に村を出ることになりました。

見つかれば殺されるかもしれないという不安をかかえながら、真夜中の暗闇のなかに、村人たちは意を決して出て行きました。今まで暮らしてきた我家と田畑に手を合わせると、闇のなかに静かに消えて行きました。

次の朝、代官の手下が村々に来てみると、どの村の入口にも、

『代官さまの仰せに従って、村を出ます』

と書かれた立札が立っていて、庄屋だけを残してだれもいません。代官は、慌てふためきました。

七月十四日には、大阪町奉行所に一通の手紙が投げ込まれました。これには、代官・安東の悪政の数々が書き連ねられていました。そして、下大市村の十四人の名前が円形に書き並べてありました。円形に名を連ねたのは、だれが指図をして書いたのか分からないようにするためです。

七月の終わりごろ、農民たちは幕府の命令で村に帰され、八月から取り調べを受けることになりま

した。

四十八人の者が江戸に呼ばれました。六人の庄屋は牢に入れられ、その中の二人は、裁きの出る前に牢の中で死にました。

裁きの出たのは、翌年の春でした。

この事件の一番の指導者とみられた下大市村の庄屋・六左衛門は、伊豆へ島流しとなりました。他の庄屋をはじめとして三十二人にも罰が与えられました。

村から逃げることを指図した者は死刑になるのが決まりでしたが、六左衛門が島流しですんだのは、幕府が「領主や代官が悪い」と認めたからです。

領主青山氏は将軍への「お目見え停止」(会うことができないこと)、代官の安東は「追放」(江戸から放り出されること)というたいへん軽い罰が与えられました。それ以後、青山領八か村にこれほどひどい代官が来たという話は残っていません。

解題

【児童文学の視点から】「立ち上がった農民たち」

この物語は、悪徳代官、安東茂右江衛門の圧政に屈することなく戦った庶民の力強さを描いた昔話である。天候不順で不作の上に、無理難題ともいえる年貢の取立てを強制する安東茂右江衛門。何年も何年も農民たちは食うや食わずの生活を強いられ、それでも我慢して仕事に励んでいた。

しかしひどい年貢の取立ての上に、さらに不足する年貢をすぐさま納めよという命令が降りた。それができなければ、家と田畑を捨てて出て行けと言うのだ。農民は人間としての尊厳や人権というものを護られていなかったために、代官や領主に虐げられてきた。しかし、ついに農民は立ち上がり、命をかけて村を出て行ったのだ。結局は裁きを受けるために、取調べを受け、多くの犠牲が出た事実は否めない。しかしこの勇気ある行動のおかげで、幕府が代官や領主のあまりに横暴な圧政を発見し、罰を与える契機になったという。

現在では身分の格差もなくなり、人権が護られる世の中になっているが、このような時代を迎えるためには、やはり多くの命がけの努力があったということを忘れてはなるまい。

【文学の生成の視点から】

今は税金は金納制ですが、江戸時代は「物成《ものなり》」といって、田の場合、年貢は米そのものでした。よく江戸時代は前期は四公六民、後期は五公五民になったとされますが、必ずしもそうではなかったそうです。

五公五民とは、自分の田で生産した米が百俵すると、自分が生活するために五十俵、領主に税金として五十俵納付するわけです。ところが飢饉の年だと、「今年は米が五十俵しか収穫できなかったから、自分が生活する分しかありません、年貢は納められません。などという言い分は通りません。可能な限り、年貢が優先され、米は搾取されます。

本文は「年貢代わりの奉公は認めない。納めていない年貢は、すぐさま金で納めよ。」とありますが、田でなく、麦など畑作の場合は「金納」とされていました。おそらく、野菜や麦、他にも和ろうそくの原料になる「櫨《はぜ》」などの売り上げに蓄えを加えたのではないでしょうか。「年貢代わりの奉公」とは年貢の米の「本物成《ものなり》」以外の税「小物成《こものなり》」に相当するものだと考えられます。

しかし、安東茂右衛門は「武庫川の洪水よけの堤にも田畑ができるはずだ。ここからも年貢を納めよ。」と言ってきます。本来、このような場所は無税な場所ですので、日頃は菜種や「あぜ豆（えだ豆）」などを植え、油や味噌などを作り、貧しい農民の生活の助けとなっている場です。日頃、お上は厳しい取り立てで農民を苦しめていますので、お上は、こういう場所をお目こぼしして、見て見ぬふりをすることで均衡を保っているのです。よく「百姓は生かぬように殺さぬように」と言われますが、税を重くすればするほど、お上が口出ししてはいけないのです。

「今年の年貢は、〝九公一民〟だ。」というのも、非常識極まりない税の取り立てです。「わしらの下大市では、四十軒のうち十軒は家を売りはらってやっと年貢を払った。」というのも事実でしょう。そのうえ、御用金まで課せられたのですからたまりません。

「三日までに納められない者は、家・田畑を捨てて村を出て行け。」という脅しは、実は、お上が言ってはならない言葉です。百姓が家・田畑を捨てて村を出て行くことは「逃散」という集団抗議行為です。『国史大辞典』によれば「逃散」とは、

中世における農民闘争の一形態。一荘・一村の百姓たちが共同し、集団で田畠を捨て、荘園を退去する闘争をさす。…（中略）…この闘争は、耕作放棄を伴うものであるから、農民にとっては生産の基盤を失いかねないもの

であり、共同による集団行動であることにおいて、はじめて領主へ要求を貫徹させる力となった。その団結を守るため、神前で盟約を結ぶ起請文を書き、全員が署名したあと、これを焼き、その灰を混ぜた神水を廻し飲む「一味神水」を行なったのちに逃散に及ぶのが普通であった。…（中略）…農民たちは逃散後も百姓申状を提出して領主との交渉を継続した。荘園を退去したのちにも、農民たちは組織性を維持していたのである。領主側は、この交渉過程で「還住」を策したのである。逃散のあとに、新規の百姓が補任されることは比較的少なく、農民たちの還住によって解決されることが多かった。

とあります。近世における「逃散」はもっと厳罰に処せられました。

この話は、元文三（一七三八）年に本当に起きた有名な「逃散」事件でした。

元文三年（一七三八）下大市村を含む旗本青山氏（幸通系）支配の六ヵ村の百姓が、同氏の代官安藤茂右衛門の執務に抗議していっせいに逃散するという事件が発生した。このとき下大市村百姓から出された訴状二通（中島家文書）には、風水害・蝗害などによる享保大飢饉以降、年貢支払のため商人から借銀をして困窮する百姓の様子が詳述されており、一通には百姓一四名の円形連判がなされている。幕府による裁断の結果、安藤は追放、首謀者と目された当村庄屋六左衛門は伊豆へ遠島、年寄茂右衛門と百姓一五名は村高一〇〇石につき過料銭一〇貫文を科せられた（徳川禁令考）。

（『日本歴史地名大系』「下大市村」より）

本来ならいくら「下大市村の十四人の名前が円形」に書かれていても、訴状に名を連ねた者は磔刑だったでしょう。しかし、幕府が調査するとあまりに領主・青山丹後守も代官・安東茂右衛門も悪辣であったのでしょう。本文では軽い刑としていますが、百姓の言い分が勝訴したわけですから、この種の訴訟としては、江戸時代では稀な公平な裁きだったと言えます。「米将軍」と呼ばれた名君、八代将軍徳川吉宗の治世だったからこその裁きとも言えるでしょう。

それならまさしく、ドラマ『水戸黄門』の悪代官退治のようで溜飲を下げる痛快な話としたいのですが、当事者の百姓側からはそんなに喜べない話です。本文によれば、江戸に呼ばれた六人の庄屋は牢に入れられ、その中の二人は裁きの出る前に牢の中で死んでいますが、おそらく過酷な取り調べを受けたのではないかと思います。「下大市村の庄屋・六左衛門は、伊豆へ島流しとなりました。他の庄屋をはじめとして三十二人にも罰が与えられました。」という刑も右の引用のように代償が大きいものでした。けっして、百姓が実質の勝利を勝ち得たわけではありませんでした。

元々は領主、代官の情け容赦のない年貢の取り立てに起因するわけですから、村の人々、家族にとってはやり場のない怒りがあったでしょう。その憤りが、この話として語り伝えたのではないでしょうか。きっと前話同様、誇らしく子孫に話したのでしょうね。

その28

紙すき弥右衛門

名塩《なじお》の里は、名塩川をはさんで両側に広がる山あいの静かな村です。人々は狭い田畑から取れるわずかな米や野菜で、細々と暮らしを立てていました。

「何とかこの村を豊かにしたい。ここに適した仕事はないものか。」

村の将来を案じ、毎日考えこんでいる若者がいました。若者の目には、名塩の山々が冬の日ざしをあびて輝いています。

「そうだ。あの山には紙の原料になる『雁皮《がんぴ》』がたくさんある。名塩川の澄み切った冷たい水が、きっと良い紙をつくってくれるだろう。紙すきこそ、この村に適した仕事なのではないか。」

そう思ったこの若者こそ、のちに名塩紙の恩人といわれた東山の弥右衛門《やえもん》でした。

そのとき、谷あいの家々で真っ白な紙を干している様子が、まぶしく思い浮かんだのでした。

ほどなく弥右衛門は、越前（今の福井県）へと旅立っていきました。その当時、「越前和紙」は日本全国に知れわたっていたのです。

「そこへ行けば、何か手がかりを得られるだろう。きっと村を豊かにする紙すきの技を身に付けられるはずだ。行かなければ……。」

険しい山坂を越え、いく日もいく日も旅を続けました。そして、やっと越前にある紙すきの村にたどり着いたのでした。

ところが、越前の村では弥右衛門のような他国者を決して家に入れようとしませんでした。それもそのはず、紙すきの技術は先祖から受けつがれている秘密の技法で、外へは絶対に教えてはならないものだからです。

けれども、弥右衛門の真面目さや熱心さに、村人たちは同情を寄せるようになりました。そして、ある家の養子になることを勧めました。

弥右衛門は、

「紙すきのいちばん大切な技術を教えてもらうには、こうするよりほかない」

と覚悟を決め、その家の娘と結婚して養子となりました。

「この技術を持って、いつかは名塩に帰らなければならない」

という思いを隠して、弥右衛門は懸命に働きました。村の人たちは、その働きぶりを見るにつけ、

「どこから来たかは分からないか、すっかり土地の者になりきって本当によく働いているな」

と、感心したものでした。弥右衛門への信頼もしだいに高まり、仕事の腕も上がり、ほかの誰にもひ

けをとらない立派なすき手となりました。

もう弥右衛門を疑う者は誰もいません。一家の働き手として、年とった養父母から大切にされて暮らしています。妻は弥右衛門を支え、一緒に仕事をするのを喜んでいます。子どもも できて父親を心から慕っています。

しかし毎夜、弥右衛門は目を覚ましては思い悩むのでした。

「愛しいこの人たちと別れることがどうしてできるだろう……。だが、越前に来たのは、生まれ故郷の名塩に紙すきの技術を持って帰るためだ。」

名塩の村にある小さな家と明るい野山、そしてそこに住む貧しい人々の顔が思い出されます。弥右衛門は、涙ながらに故郷に帰ることを決心したのです。

ある夜ふけ、みんなに気づかれぬように、そっと家をでました。ふりかえると、わが家も村の家々も雪あかりの中、静まりかえっています。かわいい子ども妻もみんな安心して眠っているのです。

「かわいい妻よ、子どもたちよ、許しておくれ。故郷の人たちのために、私はおまえたちの家を出ていかねばならないのだ。お父さん、お母さん、許して下さい。大切に育て、いろいろと教えていただき、ありがとうございました。ご恩は一生忘れません。」

家に向かって手を合わせ、深く頭を垂れて拝むと、走り出しました。何度も何度も後ろを振り返りつつ、雪道に足をとられ滑りそうになりながらも、村はずれに向かって走りました。さいわい、降る雪が足あとをかき消してくれます。村人が起き出す気配もありません。別れがたい越前の家を後にして、名塩へと向かったのでした。

名塩へ帰り着いた弥右衛門は、越前の家族とのつらい別れを忘れるためにも、紙すきの仕事に打ちこみました。名塩の村人たちは、弥右衛門から紙すきの方法を教わり、紙すきの場が少しずつ増えていきました。

「これで貧しい村の暮らしもきっとよくなる。さらにもっといい紙を作ろう。」

と研究を重ね、名塩の土を紙にすき込む方法を考えつき、じょうぶな名塩紙を作り上げたのでした。

こうして、名塩の村は数年のうちに、「名塩紙の里」として生まれ変わりました。そして、その名は日本全国に知られるようになりました。「紙すきの技を広めたのは、東山の弥右衛門という人だ。」

という噂が、越前の親子の耳にも入ってきました。

弥右衛門がいなくなってから、毎日を泣き暮らしていた家族はみな驚きました。そして、懐かしく恋しく思いました。

「夫に会いたい。」「父に会いたい。」

妻と子は老父母に許しを乞い、長い旅に出ました。慣れない旅ですが、夫に、そして父に会えると思うと、はずむ心で道を急ぐのでした。

しかしそれは厳しく苦しい旅でした。一か月ほどもかかったでしょうか。二人とも体は痩せ細り、疲れきっていましたが、会いたい一心でやっと名塩にたどりつきました。名塩の村に家がポツ、ポツと見えています。懐かしい弥右衛門の家はどこかと、村人にたずねまわりました。訳を話し、一刻も早く会いたいのだと頼みました。

ところが、村人たちは相談して、知らぬふりをしようと決めたのです。

「弥右衛門という人はこの村にはおられませんよ。遠い所からわざわざ来たのに、お気の毒になあ……。」

涙を流し、小さい手を合わせて、親子がどんなに頼んでも、かえってくるのは同じ答えでした。名塩の人たちもとても悲しい思いをしましたが、今、弥右衛門を連れ戻されたら、名塩の発展は望めません。心の中でこの親子にひたすら詫びながら、越前へ帰ることを勧めるのでした。

妻と子はあきらめきれない様子でしたが、あてもなく村はずれへと歩き出しました。哀しげな親子の姿を見送りながら、名塩の村人たちは心の中で必死に手を合わせるのでした。その後、この憐れな親子がどうなったのかは分かりません。

何年か経って、弥右衛門は四国のお遍路に旅立っていったということです。

解題

【文学の生成の視点から】

「名塩紙」についてには、『国史大辞典』に

摂津の名塩（兵庫県西宮市）で漉かれた雁皮紙。越前五箇村での技法を継承しているが、たまたま名塩村に五種類ほどの色相を持つ泥土の特産があり、それを漉きこんだ間合《まにあい》が室町時代末期から最もよく名を知られている。間合とは半間《はんげん》の間尺に合う幅広の紙の意で、屏風や襖にひろく利用された。ほかに箔打《はくうち》紙・薬袋《やくたい》紙・松葉紙なども有名。泥土を混ぜたきわめて薄い雁皮紙は、英国で『聖書』印刷用に開発されたインディア紙に用途も形状もよく似ている。

とあります。項目担当は和紙研究の第一人者「寿岳文章《じゅがくぶんしょう》」。ちなみに寿岳氏は兵庫県出身の英文学者として、関西学院大学、甲南大学で教授を務められていますが、もちろん、こちらが本来の研究分野です。

右の引用から、この「名塩紙」が越前、すなわち福井県の紙の技術を元にしていることがわかります。ただ、「東山の弥右衛門」が越前から技術を盗み出して、後日、彼を探して、妻子が名塩までやって来たかどうかは調べようがありません。しかし、よく出来た話になっています。母子が父に一目みたいと会いに来るのに、その一目すら会ってやれない父というのは、まるで石童丸、説経『かるかや』のように巧みにつくられています。

第8話で「ナス」や「サツマイモ」の種を求めて苦労することについて述べましたが、本文とは技術を盗むという点で共通しています。一人の人間として、大義に生きる使命感と、家族を守り愛する幸せとの狭間で苦しんだのが弥右衛門だったのでしょうね。

その29 宮水の発見

江戸時代の終わりごろの話です。

灘の酒造家、山邑太左衛門《やまむらたざえもん》は、しぼり立ての二本の新酒を前にして考えていました。

一方は西宮蔵でつくったもの、もう一方は魚崎蔵でつくったものです。いつも西宮蔵の方が味も日持ちも良いと評判が高いので、米・こうじ・酒づくりの仕方までまったく同じにしてつくったものでした。でも、やはり西宮蔵の方がおいしいのです。

「なぜだろう。こんなに丁寧に吟味してつくっているのに味が違うとは……。あとは蔵人だけだ。そうだ。きっと何か、蔵人の腕にうまさの秘密があるにちがいない。」

次の年、太左衛門は、思い切って西宮の蔵人を魚崎へ移しかえました。

「西宮の蔵人のすぐれた腕と勘で仕込んでもらったら、今度こそうまい酒が魚崎蔵からもつくられるようになるだろう。」

太左衛門はでき上がる日を楽しみに待っていました。

やがて、その年の新酒ができました。

きびしい六甲おろしの吹きぬける通りに、生き生きと働く人たちの歌声が流れ、酒のいい香りがただよってきます。

期待に胸を高鳴らせた太左衛門は、升に酌まれた魚崎蔵の酒を口に含みました。しかし、結果はやはり西宮蔵でつくる酒には追いつけなかったのです。今度こそと意気込んでいた太左衛門は、体中の力が全部抜けていくような気持ちになりました。

その日から昼となく夜となく、太左衛門の頭のなかを「なぜだろう」という問いが離れなくなりました。

「どうすれば、魚崎でうまい酒がつくれるのだろう……。」

仕事の合間、気がつくとそのことばかり考え続けている太左衛門でした。

ある夜、寝つかれないまま、太左衛門は寝床に起き上がって考えていました。

「考えられる方法は全部試してみた。だが、それでも西宮の酒の方がうまいとはどういうことだ。あとちがうことといえば、ただの水と空気だけではないか。ただの水と……水、水？　いや、待てよ。」

とつぜん暗闇に一筋の光がキラリと差し込みました。

「同じ六甲山から流れ出る水のはずだが、西宮に湧く水には何か特別のものが含まれているのではないだろうか……。ようし、西宮の水を魚崎へ運んで酒をつくらせてみよう。」

また木枯らしが吹き、待ちかねていた酒づくりの季節が巡ってきました。

太左衛門は西宮の水を樽につめ、牛車で魚崎へ運ばせました。その水で酒米《さかまい》を仕こみ、祈るような気持ちででき上がりを待ちました。

太左衛門の苦心と失敗、それを乗り越えさらに挑戦しようとする熱意を、魚崎蔵の人たちはみな知っていました。自分たちの手で、今度こそ西宮の酒に負けないうまい酒をつくろうという熱い思いでいっぱいでした。みないっしょうけんめい働きました。

「だんなさん、酒がしぼれました。見に来ていただけませんか。」

太左衛門は大きな酒樽の前に立ちました。ぷうんと香りよい酒蔵の中で、しぼりたての新酒は輝いて見えました。太左衛門はとろりと輝く酒を酌みました。

「どうか今度こそうまくいっていますように……」

目をつむり心を静めながら、新酒の入った升をゆっくり口もとへ運ぶ太左衛門の顔を、魚崎蔵の人たちが食い入るように見つめました。

太左衛門が目を開けました。

「おおっ……。」

聞く者の心をゆさぶるような低いさけび声でした。

もう一口。

太左衛門の頬が、喜びの色で染まりました。

「できた！　とうとうできた。」

蔵人の手をしっかりつかんで、何度もつぶやきました。

太左衛門の考えは見事に当たったのです。結果は上々でした。のどごしの良い、夏を過ぎてもますますうまいと言われる酒が魚崎蔵からも誕生したのです。

慎重な太左衛門は、その後も何年間か西宮の水を使って酒造りを試してみました。そして、やはり西宮の水が決め手だとわかると、これからは西宮の水だけ使うように言いつけ、牛車で運ばせました。

樽をいっぱい積んだ四十八台もの牛車の列を見て、人々は呆れたり、あざ笑ったりしました。

「水に変わりがあるわけでなし、ただの水を

銭かねかけてなぜ運ぶのか。気でも違ったのではないか？」

ところが、太左衛門の酒がますます評判が良くなるにつれ、酒づくりに関わる人々はじっとしていられなくなりました。みな争うように西宮の水を買い、牛車や船で遠くまで運ぶようになりました。

今でもその水が酒造りに使われ、灘の生一本《きいっぽん》の評判を高めています。

解題

【児童文学の視点から】「宮水」

西宮の酒蔵と魚崎の酒蔵、ふたつの酒蔵でできた新酒の飲み比べから、物語が始まる。どのように材料や工程を工夫しても、毎年、西宮の酒蔵のほうに美味しい酒ができる。酒造家である太左衛門は、その疑問に取りつかれる。米でもなく、作り方でもなく、蔵人でもない……悩みに悩んだ挙句、「水」ではないかという結論にたどり着いた。西宮の宮水を魚崎まで運んで酒造りに取り組んでみると、不思議なことに西宮と魚崎の両方の酒蔵で同じくらい美味い酒ができたのである。宮水は、太左衛門の美味い酒に対するこだわりと職人魂によって見出された。

天保八年（一八三七年）、一説には天保一一年（一八四〇年）、桜正宗の六代目蔵元であった山邑太左衛門《やまむらたざえもん》が摂津国西宮（現兵庫県西宮市）で発見したとされる。太左衛門は西宮と魚崎（現神戸市東灘区）で造り酒屋を営んでいたが、双方で造る酒は、他の工程をすべて同じにしても味が異なった。西宮で造る酒の良質な味の原因について、彼は『同地にある梅ノ木蔵の「梅ノ木井戸」の水にある』と結論した。これを以て「宮水の発見」としている。

神戸市東部から芦屋市、西宮市にかけての海岸沿いには多くの酒造会社や酒蔵あり、このあたりは「灘」と呼ばれている。ここで造られた酒が「灘の生一本」である。灘は日本有数の酒どころとして知られ、大きく分けて五つの地区に分かれている。神戸市の西郷、御影郷、魚崎郷、西宮市の西宮郷、今津郷の五つであり、灘五郷と呼ばれている。

以後、灘の酒蔵は競ってこの地の水を使うようになったが、井戸を掘っても同じ水脈に当たらない酒蔵もあった。そのため、造り酒屋でなくても井戸を掘れば同じ味の水が出る地域の農民らが、井戸を掘り、そういう酒蔵に宮水を売るようにもなった。西宮に特有のこの商売をさして「水屋」といったらしい。それほどまでに宮水が珍重された歴史が、この昔話に垣間見られる。

（参照ＵＲＬ）
西宮観光協会「宮水発祥之地の碑」　http://nishinomiya-kanko.jp/midokoro/spot/auto42.html
西宮酒造家十日会ＨＰ　http://www14.ocn.ne.jp/~syuzou/index.html

【文学の生成の視点から】

西宮といえば、「旨い酒」です。この全国からのイメージは昔も今も変わりません。

西宮の酒は室町時代より旨酒として有名であったが、当時の酒造については明らかではない。江戸時代になると大都市江戸における酒の膨大な需要をにらんで、西摂津池田・伊丹を中心として酒造業が起こり、西宮も江戸積酒の産地として台頭した。近世初頭の西宮の酒蔵は一九軒であったが、寛文期には五六軒、延宝期には六一軒と着実に増加した（西宮市史）。…（中略）…この頃（十八世紀後半）、灘目《なだめ》（現神戸市灘区・東灘区）が酒米の精米を水車精米に切替えて酒の増産化を図り、新興酒造地帯として台頭してきた。西宮でも灘目に遅れて水車精米を取入れたが酒造は停滞する。灘目酒造家の生産技術への関心は強く、化政期に仕込み水の選択と酒造米の特定が行われた。そして伝承によると天保一一年（一八四〇）に魚崎《うおざき》（現神戸市東灘区）の酒造家山邑太左衛門が西宮で酒造に適した宮水を発見した。宮水とは西宮一帯の硬質の地下水で、宮水の発見は停滞していた西宮の酒造をよみがえらせ、浜方では宮水を売る業者も出てきた（西宮市史）。西摂江戸積酒の江戸入津量に占める西宮産酒の比率は、化政期には六パーセント台で低迷していたが、慶応二年（一八六六）には一六・六パーセントまで伸ばしている（伊丹市史）。

（『日本歴史地名大系』「西宮市／西宮町」【酒造と廻船】より）

右の引用でもわかるように、江戸時代、全国で上質な酒と言えば、上方の酒を指しました。十七世紀の池田・伊丹の清酒は、江戸まで運ぶと上等の酒として高価な値で取引されました。この頃から西宮でも清酒が造られるようになりますが、池田・伊丹の清酒よりも西宮からの方が船に積み出しやすく、徐々に台頭していきます。十八世紀になると、西宮から酒を出荷する樽廻船のシステムが整備されて、ますます西宮の酒が全国に知れ渡ります。この頃から、新酒を江戸に出荷する速さを競う「新酒番船《しんしゅばんせん》」が年中行事として全国の話題となるほど西宮の酒は有名になっていきます。このあたりは司馬遼太郎『菜の花の沖』が詳しいですね。

ところが、十八世紀後半になると灘の酒が台頭してきます。神戸の六甲山を水源とする灘一帯の川は、川幅が狭いのですが流れが早く水量も一定で、水車を回すのに適していました。当時、水車は脱穀機をとりつけて、精米するのに用いていました。日本では玄米を精米するのに、玄米を臼に入れて杵でついていました。いつの頃からか手でつくのを足で踏んで杵を動かす装置にしていましたが、水車であればオートマチックです。灘では、たくさんの水車で一挙に大量の酒米を脱穀することで、清酒の大量生産に成功していました。

そのような西宮の醸造業が劣勢の中で「山邑太左衛門」の登場を見たのです。

「酒造りは米と水で決まる」と言われますが、同じ条件で灘と西宮が酒造りをしながら、味に格差があるとすれば、それは「水」が決め手となっているわけです。

あとは【児童文学の視点から】に書かれている通りですが、本文で「樽をいっぱい積んだ四十八台もの牛車の列を見て、人々は呆れたり、あざ笑ったりしました。『水に変わりがあるわけでなし、ただの水を銭かねかけてなぜ運ぶのか。気でも違ったのではないか?』」と言われながら成功した「山邑太左衛門」は、ヒーローですね。語り継がれる人物にふさわしいのではないでしょうか。

その30 越《こし》水《みず》城《じょう》

むかし、西宮にも立派なお城がありました。それは越水城でした。城山《しろやま》や越水という地名が残る今の大社小学校の東のあたりの小高い丘がお城のあった所です。ふもとには城ヶ堀町《じょうがほり》があります。

ここはお城をつくるのに、とてもいい場所でした。戦国時代、武士は自分の力を示すため、守るにも攻めるにも都合のよい、このような平山城《ひらやまじろ》を必要としたのでした。

その当時、政治の中心は京都でした。京都から西宮へと通じる大きな道が西国街道で、中国・四国へ行くのには、この道がいちばんよく使われていました。この西国街道は越水の村を通っています。この山側にお城をつくれば、京都へ攻めのぼる兵を防ぐことができ、地方へ力を広げる足がかりにもなるのです。戦いにも交通にも、そして町を広げるにもとても便利な場所なのです。すぐ南の浜手にはえべっさんで有名な西宮神社があり、その門前町とつなげば大きな町に発展すると考えられました。

今から約五百年前、室町時代の終わりのころ、瓦林《かわらばやし》対馬守正頼《つしまのかみまさより》というお殿さまが、この場所を選び、城づくりを始めたということです。

今の桜谷町《さくらだにちょう》の北のあたりに本丸があったのでしょうか。やぐらや土塁《どるい》、堀などを備えた、当時としては大きくりっぱなお城だったと記録にあります。

東側、広田神社の南の方は急な坂になっています。西側は満池谷《まんちだに》やニテコ池で、これも堀としての役割を果たします。北側も山と崖が険しく、南側は瀬戸内海まで見下ろせる高台ですから、理想的な地形だったといえます。

正頼は初め、芦屋に鷹尾城を持っていましたが、越水城を本城《ほんじょう》として移り住みました。家来たちを城内や城下町にたくさん住まわせました。ここは、戦うにも有利であり、町も栄えるはずだったのです。

ところが、四国の細川澄元《ほそかわすみもと》と京都の細川高国《たかくに》との戦いに巻き込まれ、正頼は高国方に付いたため、澄元勢に城を包囲されることになりました。澄元勢は、四国・淡路・播磨の兵力を結集して、永正《えいしょう》十六年（一五一九年）十一月六日、兵庫に到着し、神呪寺《かんのうじ》に本陣をおいて、広田・中村・西宮などに陣を張り、越水城を囲みました。

一方、高国勢は越水城を救うため、丹波・山城・摂津の兵力を従えて、十二月二日に摂津池田城に陣取りました。そして武庫川をわたり、高木・瓦林などに兵を進めて、澄元軍と戦いを交えました。武庫川から越水城にかけて、たびたび激しい合戦がありましたが、勝敗決せず、その年を越したので

す。

なにしろ敵の澄元方は二万余の軍勢でした。打ち破ることはなかなかむずかしく、日がたつにつれて越水城の様子も心配になりますが、城が囲まれているので、連絡が取れません。

ついに二月三日の夜中、越水城の正頼は城を明け渡し、脱出しました。城を落とした澄元軍は勢いに乗って高国方を攻め、高国方は苦戦の末、近江まで退きました。ところが、なおも戦いは続き、今度は高国方が勝利をおさめました。澄元は四国に逃れて病死し、高国が京都入りしたところで、ようやくこの戦は終わりました。

正頼がなぜ城を捨てたのかは、よく分かっていません。

越水城をつくり、そこで戦った瓦林正頼は、このあたりの「瓦林」という地名を名前にしているお殿さまです。土地の住民から慕われていました。戦になると、農民はじめ土地の人々が槍や刀を持って戦いに加わり、お殿さまを助けました。お殿さまとしては、犠牲を少なくして土地の者たちを救う考えがあり、わざと開城したのかもしれないといわれています。

戦が終わってのち、正頼は、高国の命令により、切腹させられます。その理由は、「敵の澄元方と連絡をとり合って城を開けわたし、自分が助かったから」というものでした。

その後、越水城は、瓦林の一族が再び城主となったこともありましたが、長続きはしなかったといいます。次々と城主がかわり、最後は永禄《えいろく》十一年（一五六八年）十月、織田信長が攻め落とし、しばらくして取り壊しました。世の中は天下統一に向かって進んでおり、この城がまた戦乱のきっかけにならぬようにとの考えがあってのことだったと思われます。こうして、越水城は約七十年間という短い運命の幕を閉じたのでした。

いま、城跡のふもとに、澄んだ水の湧く泉があります。「越水」という地名は、この清水からついたもので、昔から「小清水《こしみず》」とも書かれました。この泉は、越水城の時代よりもっと古くからあったものです。もとは、東・中・西と三か所の湧き水があり、お城の人たちはこの豊かな清水をたよりに大切にしていました。現在、西の方に清水町という地名も残っています。

解題

【児童文学の視点から】「古城《こじょう》」

西宮に城があったことは、あまり知られていない。しかし現在の城山・越水・城ヶ掘町あたりは城のあったところだという。神戸や大阪、京都という関西三都に利便の良い住宅街として、現在でも西宮は人気の高い地域である。昔話を読むと、地形的にも利便性からも越水城は安定した場所に立てられた城であり、城下町も繁栄するはずだったということが分かる。

瓦林対馬守正頼《かわらばやしつしまのかみまさより》が越水城を建て、気に入ったため、本城にして移り住んでいる。しかし闘いに巻き込まれ不遇の死を遂げる。主を失った越水城は陥落したのをきっかけに、永禄一一年に取り壊されたという。時代の趨勢に耐えることができなかった越水城……もしも西宮に城が残っていたら、現在はどのような姿だったのかと思うと残念な気もする。越水の湧き水は、今も昔も変わらぬ清らかな水を湛え、悠久の昔を偲ばせている。

【文学の生成の視点から】

『国史大辞典』によれば、「越水城」とは以下のように記されています。

兵庫県西宮市越水町にあった戦国時代末から安土桃山時代にかけての城。同地の国人河原林政頼が、細川澄元・三好之長軍を迎え撃つため、永正十六年（一五一九）ごろ、本城鷹ノ尾城（兵庫県芦屋市）の付城として築いたもので、小山の上にあり方五〇〇メートルもの規模があったという。翌十七年二月、三好之長軍の攻撃をうけて落城、天文二年（一五三三）河原林は奪還を企てたが失敗。同八年七月、三好長慶が落城させ、翌八月入城してから同二十二年八月、芥川孫十郎のこもる摂津芥川城（大阪府高槻市）を落とし、ここに入城するまで、長慶が居城した。永禄九年（一五六六）八月、足利義親（義栄）は三好三人衆に擁されて阿波からこの越水城に移り、のち室町将軍となった。同十一年九月、織田信長が足利義昭を伴って摂津に入部するや、篠原右京亮長房は越水城を開城して足利義昭が入城した。義昭はその後帰京し、将軍についた。軍略上重要な城として、信長政権下でも存続していた。

現在の私たちは、お城というと姫路城や大阪城のような世界遺産に登録されているような豪壮な建築物を想像してしまいます。【児童文学の視点から】にあるように、そんな城なんてものが西宮にあったのか、と驚いてしまいます。越水城は残っていないわけですから、想像上からは挿絵のようなイメージで読んでいただければ楽しいと思います。ただ、「城」という機能は国により時代により違ったものになります。

「完璧」の意味はご存じでしょう。この故事は『史記』「藺相如伝」によりますが、趙の名宝「和氏《かし》の璧《たま》」と秦の「十五の城」との交換の話が出てきます。この場合の「十五の城」とは、「十五」の「城に囲まれた都市」を指します。ちょうど、万里の長城のようなものが東西南北、四角になって街と人々を囲って守っていたわけです。日本でいう「城」とは違います。

ヨーロッパには、中世にとても美しい城が建てられました。ドイツのノイシュヴァンシュタイン城は近世に中世の城をまねて作られたものですが、見ているだけでうっとりしますし、ディズニーランドの城もメルヘンチックな想いで見てしまいます。

しかし、『長靴をはいた黒猫』の城などでもそうですが、西欧の城は領民からは領主の威勢を仰ぎ見る存在ですし、領主からは領民の働きを監視できる機能があるのです。

日本においても、近世に建てられた姫路城などは、実戦的にも作られていましたが、デザイン的なものも十分に配慮され、その威容で民を支配する意図がありました。

それは戦国時代に終わりを告げた織田信長の安土城が最もいい例なのでしょうが、残っていないのが残念です。豊臣秀吉の作った大阪城もその意図だったのでしょうが、徳川家康が江戸城にそこまで求めたか疑問です。ちなみに江戸城にも天守閣はありましたが、明暦三年（一六五七）の大火で焼失しています。その後、再建することを考えなくてもいいほど、江戸時代は支配体制が盤石で、戦乱の心配のない平和な時代だったのです。

ところが「越水城」の頃は戦国戦乱の最中。右にあげたように「細川澄元・三好之長軍を迎え撃つため」に築かれた城です。本文には「戦国時代、武士は自分の力を示すため、守るにも攻めるにも都合のよい、このような平山城《ひらやまじろ》を必要としたのでした。」とありますが、まだ時期的には山城のような砦の大規模なものではなかったかと思います。いずれにせよ、越水城は大阪湾も遠望できますし、西宮浜からも街道からも近く、四国の阿波を拠点とする細川澄元らを迎え撃つには格好の立地条件にありました。

当時、越水城城主瓦林正頼の主君筋細川高国は、京都室町政権の主流でしたから、最前線を守る瓦林氏とは信頼で結ばれるとともに高国政権の要であったと言えるでしょう。越水城の戦いは単なる勝敗の結果には終わらず、高国政権そのものを左右しかねない大きな意味を持つのです。にもかかわらず、いくら敵が大軍であったと言っても、越水城は落城してしまいました。しかも、「高国勢は越水城を救うため」総力戦で挑んだのに落城してしまったのです。そうなると、京都の室町幕府や貴族からの信用をなくしてしまうわけです。高国は、越水城落城後かろうじて京都を奪還し、澄元らを四国へ追いやりますが、越水城城主瓦林正頼は、高国の命で切腹させられます。その理由は、「敵の澄元方と連絡をとり合って城を開けわたし、自分が助かったから」というものでした。本当でしょうか。

この疑問を本文の昔話は伝えているのです。「（お殿様は）土地の住民から慕われていました。」「お殿さまとしては、犠牲を少なくして土地の者たちを救う考えがあり、わざと開城したのかもしれません。」という人々の思いは瓦林正頼が信義ある武将であったことを伝えています。もしかすると、高国が負け戦の責任を瓦林正頼に押しつけて、室町幕府や貴族からの信用を回復しようしたのではないでしょうか。

その後、細川高国は浦上村宗の協力で勢力を伸ばします。そのあたりのめまぐるしい攻防は『兵庫県の歴史』第五章「下剋上の世」に詳しいのでお読みください。

高国の最後は捕らえられて、尼崎の広徳寺で自害して果てるのですが、この本の言葉を借りれば「高国・村宗の夢は一瞬にしてくずれさった」というものでした。

近畿地方は「応仁の乱」の後、細川家の果てしない内紛の戦に悩まされてしまいました。室町幕府の将軍擁立問題にも絡んでいたので、京都の政権は求心力を失い、地方は斎藤道三、武田信玄、長尾（上杉）景虎、北条氏康等々群雄割拠の時代となり、まさしく、収拾のつかない戦国時代となります。

その細川家も家臣三好長慶に牛耳られ、その三好家も家臣松永弾正久秀の台頭を許します。織田信長、豊臣秀吉が天下を平定できたのも、この西宮を含む近畿に平和をもたらしたからです。「越水城」の歴史はそんな西宮を見守りつづけてきたのです。

あとがき

昔話の研究書として、ウラジミール・プロップの『昔話の形態学』という名著がある。この書との出会いは、まだ、大学院を終えて間もない頃であったろうか、失礼ながら、敬愛していたウラジミール・ナボコフの『ヨーロッパ文学講義』の類だと勘違いして購入したことに始まる。

当時、私は研究分野が江戸時代の日本文学にもかかわらず、その分析方法に行き詰まり、構造主義や記号論などにはまっていたが、特に物語はストーリーより「ナラティブ」にあり、と思いついた頃であった。神話の生成など悩む中で、ウラジミール・プロップの構造主義的分析による昔話の形態学を知ったことは目から鱗で、ロラン・バルトなどどうでもよくなってしまった。

かくて、西鶴の作品論に、彼の昔話の構造としてあげる三十一の機能よろしく、作品分析を行ったのである。が、何か、そこには大地に足のつかないままに文学が普遍化していくような不満があった。

それは何か。昔話にあるべき土着性と時代背景の喪失のように感じたのである。そのとき、ずっといだいてきた、私の文学研究の原点である、ヤウスの受容理論に戻ることができたのである。やがて、この当時の読者はこの作品をどのように受容したか、という受容理論の立場から西鶴を分析し、論文博士となるのであるが、原点にあったのは、土着性と時代背景を持った昔話の作られ方こそ、文学生成の原点であるという持論なのである。

このテキスト作成の本来の源は、編著者の森田雅也が関西学院大学総合教育研究室副室長として、関西学院大学と西宮市上ケ原との地域連携の生涯学習の実践を目指し、地域の方々の参加を得、研究プロジェクトを開始したことに始まる。公立・私立を問わず、幼・小・中・大の生徒と地域の方々に参加いただける生涯学習の機会が関西学院大学という場を提供することで実現できないだろうかと、講義提供、映画上映、運動部と子どもとの交流など実験的に行ってみた。しかし、模索するうちに、月日ばかりが経ち、プロジェクトも終わり、五年間の長きにわたる総合教育研究室副室長の任も終え、総合教育研究室自体も大学の新たな機関に発展的に解消してしまった。私の力不足とはいえ、地域連携による世代を越えた老若男女の方々とともに学ぶ生涯学習の場が潰えたことは将に遺憾であった。

そのような私の中で整理しきれない大きなものが錯綜しているとき、たまたま、西宮インターネットテレビ「西宮ライブラリーふるさと昔話」(http://www.nishi.or.jp/homepage/miya_tv/ch.html?ch=5&cat=8)を見ていると、西宮には殊の外たくさんの文学生成の原点につながる、すぐれた昔話があることに気づいたのである。早速、これらを教材に歴史的・文学的に作品性を解明することは生涯学習の場でも大学教育の場でも有効ではないかと考え、関西学院大学に新設された人間福祉学部「文学」の講義に出講するにあたり、このことを実践してみたのである。同時に私の教え子でもある児童文学を専門とする生駒幸子に相談し、本書の企画を実現した。出版に際しては、編集委員を務める関西学院大学出版会に企画を申請し、ご許可戴いたのであるが、あれこれ三年の月日を費やしてしまった次第である。その間、挫けそうになったこの企画を応援していただいた関西学院大学出版会、先生方、地元の方々、学生諸君に深謝申し上げたい。

今回の出版にあたり、西宮市立教育委員会に相談し、テキストとして右の「ふるさと昔話」の原文使用許可をお願いしたところ、西宮市立郷土資料館を相談先にするように指示していただき、郷土資料館編集の『西宮ふるさと民話』を底本として使用させていただく許可を得た。ここに記して両機関に感謝申し上げたい。

本書はかかる意味において、試金石な発想により編集されたものであるが、読者諸氏にはぜひ、多くの機会を得て、これら三十話を「西宮のむかし話」として伝承していただきたい。心より祈念するものである。

(森田雅也)

■編著者

・生駒幸子（いこま・さちこ）

広島県福山市生まれ。関西学院大学文学部日本文学科卒業、聖和大学大学院博士前期課程修了、同大学大学院博士後期課程満期退学。現在、龍谷大学短期大学部こども教育学科講師、白百合女子大学児童文化研究センター客員研究員。専門は幼児教育・保育における児童文化研究、特に日本の戦中・戦後絵本史を研究。

《執筆》鳥越信・生駒幸子編『子どもの本のカレンダー（増補改訂版）』（創元社 2009）、鳥越信編『別冊太陽もっと読みたいおはなし絵本 100』（平凡社 2005）

・森田雅也（もりた・まさや）

兵庫県明石市生まれ。関西学院大学文学部日本文学科卒業、関西学院大学大学院博士課程修了、博士（文学）。現在、関西学院大学文学部文学言語学科教授。日本近世文学会常任委員、日本文芸学会常任理事、俳文学会委員、和漢比較文学会会員、歌舞伎学会会員等。専門は日本近世文学。

《執筆》単著『西鶴浮世草子の展開』（和泉書院 2006）、編著『近世文学の展開』（関西学院大学出版会 2000）、西鶴影印叢書『西鶴諸国はなし』（和泉書院 1996）、共著『新編西鶴全集第Ⅲ期、第Ⅳ期』（勉誠出版 2003、2004）等。［責任監修］ネットミュージアム『兵庫文学館』「西鶴文学館」（兵庫県教育委員会 2006）等。

■表紙・裏表紙

・松原秀子（まつばら・ひでこ）

型染作家。装画、蔵書票など多方面で活躍中。

■題字・挿絵

・為木　梓（ためき・あずさ）

関西学院大学社会学部卒業。書道講師・デザイナーとして活躍中。

西宮のむかし話
児童文学から文学へ

2011年5月30日初版第一刷発行

編著者　生駒幸子・森田雅也

発行者　宮原浩二郎
発行所　関西学院大学出版会
所在地　〒662-0891
兵庫県西宮市上ケ原一番町1-155
電　話　0798-53-7002

印　刷　協和印刷株式会社

Printed in Japan by Kwansei Gakuin University Press
ISBN 978-4-86283-093-7

http://www.kwansei.ac.jp/press